팀장님
피드백 좀
해주세요

셀프헬프
self·help
시 리 즈

"나다움을 찾아가는 힘"

사람은 매 순간 달라진다. 1분이 지나면 1분의 변화가, 1시간이 지나면 1시간의 변화가 쌓이는 게 사람이다. 보고 듣고 냄새 맡고 말하고 만지고 느끼면서 사람의 몸과 마음은 수시로 변한다. 오늘의 나는 어제의 나와는 전혀 다른 사람이다. 셀프헬프self·help 시리즈를 통해 매 순간 새로워지는 나 자신을 발견하길 바란다.

신입사원의 조직사회화 안내서

팀장님
피드백 좀
해주세요

초판1쇄 발행 2026년 1월 20일	**지은이** 마틴	

펴낸이 김태영	**펴낸곳** 씽크스마트 책짓는 집	**주소** 경기도 고양시 덕양구 청초로 66 덕은리버워크 B-1403호	**전화** 02-323-5609

출판사 등록번호 제395-313000025 1002001000106호	**ISBN** 978-89-6529-491-7 (13320)	**정가** 18,000원	ⓒ 마틴

이 책을 만든 사람들	**책임편집** 김무영	**편집** 신재혁	**홈페이지** www.tsbook.co.kr **인스타그램** @thinksmart.official **이메일** thinksmart@kakao.com

• **씽크스마트 더 큰 생각으로 통하는 길**

'더 큰 생각으로 통하는 길' 위에서 삶의 지혜를 모아 '인문교양, 자기계발, 자녀교육, 어린이 교양 · 학습, 정치사회, 취미생활' 등 다양한 분야의 도서를 출간합니다. 바람직한 교육관을 세우고 나다움의 힘을 기르며, 세상에서 소외된 부분을 바라봅니다. 첫 원고부터 책의 완성까지 늘 시대를 읽는 기획으로 책을 만들어, 넓고 깊은 생각으로 세상을 살아갈 수 있는 힘을 드리고자 합니다.

• **도서출판 큐 더 쓸모 있는 책을 만나다**

도서출판 큐는 울퉁불퉁한 현실에서 만나는 다양한 질문과 고민에 답하고자 만든 실용교양 임프린트입니다. 새로운 작가와 독자를 개척하며, 변화하는 세상 속에서 책의 쓸모를 키워갑니다. 흥겹게 춤추듯 시대의 변화에 맞는 '더 쓸모 있는 책'을 만들겠습니다.

자신만의 생각이나 이야기를 펼치고 싶은 당신. 책으로 사람들에게 전하고 싶은 아이디어나 원고를 메일(thinksmart@kakao.com)로 보내주세요. 씽크스마트는 당신의 소중한 원고를 기다리고 있습니다.

신입사원의 조직 사회화 안내서

팀장님
피드백 좀
해주세요

마틴 지음

학문의 세계와 현실, 기술과 인간을 잇는 안내서

"배움은 지식의 축적이 아니라 세계를 바라보는 시야를 넓히는 일이다. 저자는 왜 '트렌드 난독증'에 빠졌는지, 그리고 그 난독을 어떻게 자신의 성장 동력으로 전환할 수 있는지를 실제의 경험을 통해 잘 보여주고 있다.

KAIST와 DGIST 총장을 하며 우리나라 최초의 무학과 단일학부·융합학부를 도입한 이유 또한 바로 이러한 '융합적 지식 기반의 사유하는 힘'을 회복시키기 위함이었다. 이 책은 학문의 세계와 현실, 기술과 인간을 잇는 안내서로 오늘날 대학생과 직장인 모두에게 자기만의 지적 여정이 필요함을 보여준다."

신성철(前 KAIST · DGIST 총장)

DIRFT. 처음부터 올바르게

인간의 삶은 곧 시간이다. 이 책은 인생의 새로운 출발선에 선 이들에게, 저자의 풍부한 현장 실무 경험을 바탕으로 '처음부터 올바르게(Do It Right the First Time, DIRFT)'라는 품질관리의 고전적 원리를 조직생활에 적용해 이해하기 쉽게 풀어낸다. 신입 조직원이 반드시 알아야 할 올바른 태도와 일하는 방식을 명확하고 실용적으로 제시한 안내서다.

김재우(前 한국코치협회 회장, 『THINK BIG ACT FAST』 저자)

"조직생활학"의 출발점이다.

조직 초년생이 겪는 일상의 사건을 학문적 렌즈로 잘 엮어냈다. 신입사원을 위한 정책을 펼 때도 이 책이 좋은 안내서가 될 것이다.

백기복(전 국민대학교 교수)

사회 초년생을 위한 경험의 틀을 확장하는 안내서

인간은 보고 듣고 경험한 만큼 보이고 들린다. 결국 경험을 통해 만들어진 사고의 틀을 통해서 현상을 해석하고 의사결정을 하며 세상과 소통한다. 하지만 우리는 새로운 경험을 통해 사고의 틀을 확장하는 과정에서 기존의 경험으로부터 만들어진 가치관과 상충되는 타인의 태도와 행동 등을 접하면 스트레스를 받게 된다. 이러한 스트레스는 새로운 환경에 적응해야 하는 사회 초년생들에 더 크게 느껴질 수 있다. 이 책에서 소개된 사례와 이론들은 낯선 환경에 적응해 나가야 하는 사회 초년생들이 스트레스를 적절히 관리하면서 또 다른 성장을 도모하는 데 유용한 길잡이가 될 것이라 확신한다.

박희준(연세대학교 교수)

AI 시대, 가장 실용적인 조직 해석의 나침반

지난 10년간 인문학 교수로 있으면서 AI 시대의 거대한 변화를 직접 목격해 왔다. 그 과정에서 자연과학과 코딩을 아우르는 융합적 사고가 미래 인재의 핵심 역량임을 끊임없이 강조해 왔다. 이 책은 그러한 융합적 사고가 단순한 기술 학습을 넘어 '조직 적응'의 핵심 원리로 확장될 수 있음을 설득력 있게 보여준다. 신입사원에게 필요한 것은 조급한 성과가 아니라, 관계와 신뢰를 쌓으며 적응해 가는 시간이다. 저자는 조하리의 창, 턴테이킹, 센스메이킹과 같은 과학적 개념을 활용해 조직의 숨은 언어와 작동 원리를 탁월한 분석력으로 해독해 낸다. 이 책은 신입사원이 '홀로 완결된 개인'을 넘어 '관계 속에서 역할을 수행하는 인재'로 성장하도록 이끄는 가장 실용적인 조직 해석의 나침반이 될 것이다.

남호성(고려대학교 교수)

긴 노동 생애 + AI 시대에 맞게 경력 다시 디자인해야

전통적으로 직장인은 조직에서 두 가지 경쟁을 치러 왔다. 첫 번째는 기업의 문을 두드리는 청년들의 '입사 경쟁', 두 번째는 들어간 뒤 오래 버티는 재직자들의 '근속 경쟁'이다. 그런데 지금 상황은 OECD가 경고하듯, AI·자동화로 인한 직무 대체 위험은 단순히 청년들의 취업문을 좁히는 문제를 넘어 근본적으로는 '입사'와 '근속'이라는 두 트랙 자체가 의미를 잃어가는 시대가 오고 있다. 노동시장에서 살아 남는 사람은 자신의 역량을 스스로 재정의하고, 새로운 기회를 다시 설계할 줄 아는 사람이다.

박정호(명지대학교 교수)

AI시대, 경험의 가치를 다시 생각해 봐야 하는 이유

AI 시대이기에 더욱 빛나는 "경험"의 가치! 신입사원에겐 조직 "경험"에 대한, 그리고 선배들에겐 후배 "이해"에 대한 실질적 가이드다. AI 물결 속에서도 변할 수 없는 조직 내 인간관계, 세대를 잇는 필수 지침서가 되기를~"

이희정(태재대학교 AI융합전략대학원 팀장, 前 ㈜엘릭스 대표)

신입의 첫해는 적응이 결정한다

이 책은 신입의 첫해에 필요한 학습 구조를 가장 현실적으로 제시한다. 저자는 신입이 마주하는 세 가지 도전—관계, 역할, 문화—를 경험 기반으로 명확히 구분하고, 이를 어떤 순서로 학습해야 적응 속도가 빨라지는지를 탁월하게 설명한다.

이 책은 단순한 조언서를 넘어, 신입 교육의 새로운 버전에 가까운 구성이다. 조직생활 5년 차를 지나면 누구나 깨닫게 되는 원리들을, 신입의 첫 페이지에서부터 구조적으로 안내해 준다.

김영천(퀀텀에듀케이션 대표, 경영학 박사)

조직의 샌드위치, 팀장의 숨 쉴 공간

사원에서 팀장을 거쳐 이제는 창업을 통해 기업가가 된 나에게, 이 글의 '팀장의 하소연'은 너무나 익숙하고 깊이 공감되는 이야기다.

저자는 팀장들의 불평 섞인 하소연을 단순한 불만이 아니라 책임의 언어로 풀어내며, 팀장이 왜 늘 그렇게 힘들 수밖에 없는지를 현실적으로 보여준다.

오늘도 팀원과 숫자 사이에서 버티고 있는 대한민국의 수많은 팀장들이 있기에 조직은 큰 빈틈 없이 돌아간다.

이정희(와우플렉스페이 이사회 의장)

신입에게 첫 회사란? 마치 이민 같은 문화 충격

신입사원에게 있어서 첫 번째 회사란 다른 나라로 이민 가는 것만큼이나 어려운 일이다. 낯선 장소와 규범에 적응해야 하기 때문이다. 문제는 이들 모두 처음 겪는 일이기 때문에 그 낯선 장소에서 어떤 순서대로, 무엇을, 어떻게 시작해야할지 감조차 잡기 어렵다는 점이다. 이러한 점에서 이 책은 이런 신입사원들이 사회에 발을 내딛기 전, 첫 번째 안내서 역할을 할 것이다.

송지현(제일이민&컨설팅 대표, 미국 변호사)

조직에서 말이란?
전략의 설계이자 문제 해결의 프로세스를 말해주는 책

해외 현장에서 저자가 깨달은 통찰은 단순한 '말하기 기술'을 넘어

선다. 조직의 모든 문제는 결국 '말의 방식'에서 비롯되며, 그 해결 또한 커뮤니케이션이라는 전략적 장치를 통해 완성된다는 점을 이 책은 명확히 증명한다.

저자는 말의 속도보다 멈춤의 의미를, 단어 자체보다 신호 간의 연결을 더 중요하게 바라보며, 긴장과 이완의 리듬을 읽어내는 능력이 왜 협상·보고·위기관리의 본질인지 국내외 실전 경험을 통해 설득력 있게 풀어낸다.

이 책은 말과 대화가 단순한 소통이 아니라 전략의 설계이자 문제 해결의 프로세스임을 일깨우는 드문 저작이다. 문장마다 담긴 미세한 신호를 읽는 감각은, 위기에서 전장을 바꾸는 리더의 판단처럼 예리하며 실용적이다.

조직과 리더십의 본질을 꿰뚫는 이 책은, 전략적 커뮤니케이션이 왜 오늘날 모든 리더에게 가장 중요한 역량인지 다시 생각하게 만든다. 읽는 순간 사고의 질서가 재정렬되는 경험을 선사하는, 반드시 곁에 두어야 할 책이다.

구필현 (아시아투데이 국장, 국방·방산 전문기자, 아투tv진행)

상사와 동료의 시선, 자기인식의 거울

조직에서 성장하는 사람들의 공통점은 '능력'보다 스스로를 객관화하는 힘, 즉 자기인식(Self-awareness)에 있다. 상사와 동료의 시선을 부담이 아니라 나의 행동을 비추는 거울로 받아들이는 순간, 비로소 성장이 시작된다. 이 메시지는 신입사원뿐 아니라 모든 직장인이 곱씹어야 할 조용하지만 깊은 성찰의 조언이다.

장하연(SK하이닉스 Values & Leadership 팀장)

신입에게 실수는 성장을 위한 통과의례라는 용기를 제시

조직은 신입의 실수를 단순한 실패로 보지 않습니다. 오히려 그 실수 속에서 배울 점을 찾고, 자신을 어떻게 개선할 수 있을지 고민하는 태도를 더 중요하게 여깁니다.

이 책은 실수에 대한 두려움을 떨쳐내고, 그 속에서 성장의 기회를 찾으려는 모든 이들에게 "실수는 성장을 위한 통과의례"라는 용기 있는 메시지를 전합니다. 조직 생활을 시작하는 모든 이들에게 꼭 필요한 현실적 조언이 담긴 글입니다.

이재명(교보생명 인력개발팀 파트장)

조직, 매뉴얼에 없는 것을 알려주는 책

회사에서는 매년 수많은 인재를 선발하지만, 학교 우등생이 조직의 우등생이 되지 못하는 현실을 자주 목격합니다. 그것은 '일'을 못해서가 아니라, 조직이라는 낯선 세계의 '맥락'을 읽지 못하기 때문입니다. 이 책은 업무 매뉴얼에는 없는, 하지만 생존과 성장에 필수적인 '조직의 문법'과 '관계의 기술'을 놀라운 통찰로 해석해 줍니다. 막막한 신입사원에게는 조직에 안착하게 돕는 친절한 내비게이션이, 그들을 이끌어야 할 리더와 HRD 담당자에게는 무엇을 가르쳐야 할지 알려주는 최고의 지침서가 될 것입니다. '일 잘하는 신입'을 넘어 '대체 불가능한 프로'로 성장하고 싶다면, 이 책이 가장 빠른 지름길입니다.

이홍석(콜마홀딩스 인재개발팀, AI TF 팀장)

조직사회화의 본질을 생각하는 책

이 책은 신입사원이 조직에 안착(soft-landing)하는 과정을 단순한 적응이 아니라 해석의 능력으로 풀어낸 실용적인 안내서다. 조직문화의 보이지 않는 문법과 관계의 미세한 톤, 비공식 규범이 작동하는 힘을 정확하게 짚어내며, 조직 내에서 성과보다 관계와 맥락의 이해가 먼저라는 메시지는 HRD 전략의 본질을 꿰뚫고 있다. 또한 조직사회화는 신입만의 과제가 아니라 조직과 구성원이 서로의 문법을 이해하며 함께 성장해야 하는 상호작용 과정임을 일깨워주며, 결국 이 책은 조직 전체가 배워야 할 조직사회화의 본질을 다시 생각하게 만드는 의미 있는 저작이다.

심숙경(이노에이치알컨털팅그룹 대표)

직장 내 인간관계의 핵심을 지적하는 책

직장생활에서 가장 자주 들리는 푸념이 있다. "왜 저 친구는 되고, 나는 안 되는 거죠?"

이 책은 이런 익숙한 질문을 단순한 불공정의 문제로만 보지 않는다. 대신 '관계자산'이라는 개념으로 그 차이가 어떻게 형성되고, 왜 조직에서 반복되는지를 설명하며, 조직을 더 건강하게 이해할 수 있는 새로운 시각을 제시한다. 조직이라는 거울 앞에서 나의 태도와 관계 맺는 방식을 다시 돌아보고 싶은 모든 직장인에게 따뜻하면서도 실질적인 안내서가 되어 줄 것이다.

석지효(노동법률대교 대표 노무사)

나를 지키는 질문과 용기

조직에서 "시키는 대로 했을 뿐인데"라는 말은 위계 구조가 만든 관행적 현실이다. 책에서 김 대리 사례를 통해, 위계와 관행 속에서 개인의 의지와 무관하게 구조적으로 공범이 된 사례를 생생하게 보여준다. 그래서 저자는 조직의 위계 속에서 흔들리는 직장인들에게 "내 행동이 내일 신문 1면에 실려도 괜찮은가"라는 단순하지만 강력한 자기검열적 질문을 던진다. 시키는 대로만 해도 위험해지는 시대, 이 책은 직장인에게 조직에서 스스로를 지키는 질문과 용기를 선물한다.

이윤정(노무법인 런 서울 대표 노무사)

조직 적응의 숨은 핵심을 가이드해주는 책

이 책은 MZ 세대들의 눈에는 아직 보이지 않는 조직 적응의 숨은 핵심을 담백하고 직관적으로 가이드해주는 지침입니다. 세대가 변해도 조직의 기본은 변하지 않습니다. 이 책은 이론과 실제의 경험이 잘 버무려진 가이드북으로 조직 적응의 팁들을 쉽고 친절하게 안내합니다. 이 책과 함께 시작한다면 회사에 첫발을 내딛는 사회초년생의 출근길이 한결 가벼워질 것 같아요.

김지은(한국생산성본부, 『인턴』 저자)

낯섦과 불안 속에서 배우는 성장

처음 조직에 들어갔을 때 모든 것이 낯설고, 내가 제대로 하고 있는지 늘 불안했습니다. 이 책은 관계 속에서 배우고 변화하는 과정이 얼마나 값진지 따뜻하게 알려줍니다.

김다솔(서화회계법인, 3년 차 직장인)

조직 적응의 기본에 대해 현장의 언어로 제시한 책

보고와 질문의 타이밍, Role Taking, 셀프리더십의 균형. 이 책은 신입이 부딪히는 핵심 과제를 현실적으로 정리해줍니다. 팔로워십을 먼저 배우고 그 위에서 셀프리더십을 발휘해야 한다는 메시지가 명확합니다. 조직 적응의 기본기를 사례와 언어로 간결하게 전달합니다. 읽고 나면 첫해의 방향이 훨씬 선명해집니다.

김의석(농협은행, 2년 차 직장인)

CONTENTS

1부. 신입을 위한 적응 가이드

4부. 팀워크

5부. 인간관계

6부. 커뮤니케이션

오래전 국내 토종 프랜차이즈 1호로 꼽히는 한 기업의 대표와 대화를 나눈 적이 있다. 그는 마흔 살까지 이어온 직업을 과감히 접고 창업에 뛰어들었다. 그 과정에서 들려준 '전문가'에 대한 그의 이야기는 지금도 강한 인상으로 남아 있다.

그는 업계의 노하우를 배우기 위해 국내 여러 전문가를 찾아 나섰다. 그리고 그가 내린 결론은 냉정했다. "국내에서 '30년 경력의 전문가'로 불리는 많은 분들을 만났지만, 그들 대부분이 사실상 '3년 정도의 전문가'인 경우가 많았습니다." 그의 말인즉, 3년 정도의 숙련으로 얻은 '전문가'의 명성을 바탕으로 이후 27년은 그저 그런 생업으로 이어온 경우가 대부분이었다는 것이다. 다시 말해 30년의 경력 중 많은 부분은 전문가로서의 '성장과 숙련'의 기간이 아니라 '생업 기간'에 불과했다는 것이다.

경험과 경험인식

그의 말 속에는 '경험을 얼마나 오래 했는가'보다 '그 경험을 얼마나 깊이 있게 의미화했는가'가 진짜 전문성을 결정한다는 통찰이 담겨 있었다. 경험을 이해한다는 것은 단순히 사건을 떠올리는 일이 아니다. 그 사건이 나의 인식 구조 속에서 어떤 의미로 자리 잡았는지를 파악하는 일이다. 경험의 '내용'은 과거의 기록이고, '구조'는 현재의 해석이다. 내용이 없으면 뿌리가 없고, 구조가 없으면 방향이 없다. 경험을 통한 진짜 배움은 내용을 구조로 전환할 때, 즉 경험을 단순한 기억이 아니라 사유의 틀로 바꿀 때 시작된다.

직장과 사회를 돌아보면 '경험'을 둘러싼 두 가지 반대되는 상황을 자주 보게 된다. 하나는 경험을 절대화하는 사람들이다. "내가 이 분야 30년 해봐서 아는데…"로 시작하는 말은 조직에서 가장 흔하면서도 위험한 발언이다. 다른 하나는 자신의 경험을 지나치게 과소평가하는 경우다. 채용 면접 과정에서 신입사원의 자기소개서나 경력기술서를 보면 "프로젝트에서 중요한 역할을 수행했다", "행사 진행을 성공적으로 지원했다"처럼 경험의 맥락과 배움은 빠진 채, 마치 시간표의 빈 칸을 채우듯 활동만 나열하는 경우가 많다

이 두 경우 모두 '경험의 본질'을 오해하고 있다. 먼저 경험을 과잉인식하는 사람은 자신의 경험을 확고부동한 지식으로 '완결'시켜 버린다. "그건 다른 데 물어볼 필요도 없어. 내가 다 해봐서 잘 알아." 이

말 속에는 타인의 경험을 배척하고 새로운 것에 대해 수용하려는 마음이 닫혀 있다. 개인의 주관적 경험이 사건의 맥락과 흐름 속에서 해석과 의미화를 통해 일반화로 나아갈 때 타인의 인정과 활용 가능한 교환 가치를 가질 수 있다. 따라서 경험은 자신이 세운 하나의 '가정(假定)'으로 간주하고 의미화를 위해 지속적인 질문으로 검증해야 한다. 진정한 경력과 전문성은 과거의 기억 경험에 머무르지 않고, 끊임없이 재해석하고 의미화를 통해 가치를 만들어 낸다.

반면, 자신의 경험을 과소평가하는 사람들, 특히 인턴이나 신입사원은 자신이 쌓은 경험을 '기록'은 하되 '해석'이 미흡한 경우다. 자기소개서나 경력기술서를 보면 "무엇을 했는가"만 나열 할 뿐, "왜 그 일을 했는지, 어떻게 수행했는지, 그 과정에서 무엇을 배웠는지"의 의미가 충분하지 못한 경우가 많다. 경험을 통해 얻은 배움의 구조를 스스로 정리하지 못하면, 그 경험은 단지 지나가 버린 시간으로 남을 뿐이다. 예컨대 "행사를 성공적으로 도왔다"는 문장은 사실상 큰 의미가 없다. 그러나 "예기치 못한 상황에 대응하면서 '그곳에서 책임의 의미'를 새롭게 배웠다"고 서술하면, 같은 경험이라도 전혀 다른 무게를 가진다.

또 한 가지 간과하는 지점은 자신의 '직접 경험'에만 국한하는 경우다. 인턴이나 신입은 조직에서 중요하거나 핵심적인 일을 직접 맡을 기회가 거의 없다. 그렇기에 팀이 겪는 중요한 문제 상황을 옆에서 지켜보며 배우는 '관찰 경험'이 입사 초기에 훨씬 중요하다. 자신이 직접 수행한 일보다, 상사나 동료의 행동과 의사결정 과정을 관찰하며 해석하는 경험이 적응과 학습에 더 큰 영향을 미치기 때문이다.

이런 점에서 인턴과 신입사원에게 중요한 것은 경험의 '양'이 아니라, 그 경험을 이해하고 의미를 부여하는 능력이다. 어떤 상황에서 어떤 행동을 했고, 그 과정에서 무엇을 배웠는지까지 스스로 정리할 수 있어야 한다. 짧은 인턴 경험이라도 이 틀 속에서 해석할 때 비로소 '의미 있는 경험'의 출발점이 된다. 단순히 경험을 했다는 사실에서 멈추지 않고, 왜 그 경험이 어떤 점에서 자신에게 중요했는지를 설명할 수 있어야 한다. 이것이 조직이 여러분을 평가하는 방식이다.

결국 경험의 과잉, 과소 인식은 모두 '배움의 왜곡'으로 이어진다. 전자는 시간만 지나고 배움이 멈춘 경력자, 후자는 자신의 행동과 경험으로부터 배우지 못한 초심자에 머물게 한다. 10년을 일해도 하루의 경험을 반복하는 사람이 있고, 반대로 1년의 경험을 매일 성찰하며 열 번의 통찰로 바꾸는 사람도 있다. 경험은 시간이 아니라 해석의 깊이에서 의미와 구조의 질서를 만들어 나간다.

경험은 누구에게나 주어진다. 하지만 그것을 어떻게 '읽는가'는 전적으로 자신에게 달려 있다. 경험은 회상할수록 빛바래지만, 해석할수록 깊어진다. 그리고 진정한 경력과 전문성은 그 깊이에서 쌓여진다.

조직사회화

우리는 사춘기를 통해 '신체적 어른'으로 성장한다. 이 시기를 통해 신체적 성장과 더불어 부모로부터 한 발짝 벗어나 또래 집단(peer group) 사회로 나아간다. 그리고 20대 중반, 대학을 졸업하고 사회라는 무대에 들어서면 또 다른 변화가 기다린다. 경제적으로 독립하며 직업인으로, 조직의 구성원으로서 새로운 단계의 어른이 되는 과정이다. 경영학에서는 이를 조직사회화(Organizational Socialization)라고 부른다.

조직사회화란 새로 조직에 들어온 구성원이 그 조직의 규범, 가치, 행동 방식을 이해하고 내면화하여 기존 구성원과 함께 일할 수 있는 상태에 도달하는 적응 과정을 말한다. 조직경험은 단순한 일자리가 아니라 성인이 사회 속에서 자신의 역할과 책임을 배우는 공간이다. 학교에서의 역할은 주로 배움과 성장이었다. 하지만 조직사회에서 역할은 복잡한 경쟁관계 속에서 구체적인 역할과 책임, 성과를 통해 자신을 증명해야 한다. 그리고 이곳에서 사회적 인간관계, 협업과 갈등을 다루는 방법, 리더십, 직무 전문성과 스킬 같은 보다 높은 수준의 사회 기술(Social skill)을 배운다. 신입사원의 초기 적응 기간은 보통 6개월에서 1년 정도이며, 이 시기의 경험은 직업 정체성과 직무 만족도, 몰입, 이직 여부, 경력 성장에 장기적인 영향을 미친다.

첫해의 세 가지 도전

조직사회화 과정에서 신입이 적응해야 할 핵심 대상은 대인관계, 직무, 조직문화 세 가지다. 이 세 요소는 서로 연결된 '적응의 삼각형'이며, 그 균형을 맞춰 가는 것이 첫해의 과제다.

첫째, 관계(Social Relationship)는 사회화의 입구이자 출구다. 상사, 동료, 협업 파트너와의 관계는 신입이 조직에 뿌리내릴 수 있는 최소 조건이다. 이들의 관계는 일반의 인간관계와 달리 직무관계라고 한다. 이는 일과 조직사회에서 필수요건으로 초기 직무관계의 실패는 곧 조직 적응의 실패로 이어진다. 따라서 입사 초기에 자신의 직무와 밀접하게 연결된 사람들과의 관계 구축이 우선되어야 한다.

둘째, 직무 적응(Job Fit)은 일의 방식과 절차, 보고 체계, 직무 언어를 익히는 과정이다. 단순히 맡겨진 일을 수행하는 것을 넘어, 팀과 동료의 방식에 맞춰 협업할 수 있어야 한다. 직무 적응은 부여된 일에만 국한되지 않는다. 일을 수행하기 위한 협력과 역할 조율이 포함되어 있다. 이를 위해 효과적인 커뮤니케이션과 팀워크 스킬을 익히는 것이 중요하다.

셋째, 조직 적응(Organization Fit)은 일차적으로 팀 단위의 협업 속에서 이루어진다. 팀은 조직의 가치와 규범이 가장 압축적으로 드러나는 현장이다. 이 곳에서 신입은 자신이 필요한 존재로 인정받아야 한다. 그리고 장기적으로 조직의 문화와 규범, 관행에 대한 이해와 적응을 통해 '단기적인 성과'보다 '함께할 수 있는 동료'라는 평가를 얻는 것이 중요하다.

신입에게 필요한 것은 빠른 '성과'가 아니라 동료들 속으로 들어가 그들의 일원이 되는 것이다. 상사와 동료에게 '괜찮은 동료'로 인정받는 순간, 성과를 발휘할 기회는 자연스럽게 따라온다. 조직사회화는 결국 관계·직무·조직의 세 축 속에서 자신을 발견하고, 조직 속으로 확장해 나가는 과정이다. 사춘기를 거쳐 신체적 어른이 되었듯, 이제 이 과정을 통해 조직사회인으로 다시 태어나는 일이 시작된다.

입사 후 1년

청년들은 치열한 경쟁을 뚫고 어렵게 취업문을 통과한다. 그러나 진짜 승부는 입사 이후다. 입사 첫 1년은 직업적 정체성이 형성되는 결정적 시기다. 이 시기는 단순히 주어진 역할을 수행하는 단계가 아니라, 자신만의 역할을 확장하고 새롭게 만들어가는 Role Making의 시기다. 입사 초기의 경험은 이후 경력과 삶에 오래도록 영향을 미친다. 누구나 처음에는 불안과 긴장 속에서 출발한다. 그러나 시간이 지나 동화와 융화의 과정을 거치면서 그 불안은 점차 '적응적 긴장'으로 전환된다.

이 책이 신입사원들이 이제 막 조직사회의 문 앞에서 마주한 낯설고 복잡한 조직 현상을 이해하고, 그 속에서 자신을 발견하고 성장의 의미를 찾는 작은 렌즈가 되었으면 한다.

1부 신입을 위한 적응 가이드

신입사원의 첫해는 성과를 증명하는 시간이 아니라, '관찰하기'와 '연결하기'라는 두 가지 기술을 익히는 시기다. 조직은 교과서처럼 정답이 적혀 있는 세계가 아니다. 일과 관계, 말과 행동, 공식과 비공식 규범이 겹겹이 쌓여 작동하는 복합적 생태계다.

이 안에서 신입의 첫 번째 과제는 관찰하기다. 관찰하기란 단순히 '무엇이 일어나고 있는지 보는 것'이 아니라, 그 장면에 의미를 붙이는 과정이다. 누가 의사결정을 이끄는지, 어떤 말투가 호감을 만들고 어떤 표현이 오해를 낳는지, 상사는 어떤 보고 형식을 선호하는지, 팀은 빠른 결정을 중시하는지 혹은 충분한 합의와 절차를 더 중시하는지—이 모든 단서를 세밀하게 포착하고 해석하는 능력이다. 관찰은 초기 실수를 줄이고 적응 속도를 높인다.

두 번째 단계는 연결하기다. 연결하기란 관찰을 통해 얻은 의미를 실제 행동과 다시 연결하고 검증하는 과정이다. 작은 과업이라도 직접 맡아 해보고, 팀의 흐름에 맞춰 자신의 속도를 조정하고, 보고·질문·피드백을 통해 현재의 역할을 확인하며, 그 결과를 다시 행동에 반영하는 순환적 구조다. 연결하기는 "배운 것을 실제로 적용해보고, 그 결과를 다시 해석해 개선하는 과정"이자 실전 학습이다. 신입은 이 반복을 통해 팀이 자신에게 기대하는 역할, 협업의 감각, 말의 무게, 행동의 타이밍을 몸으로 익힌다.

신입의 첫해는 성과의 문제가 아니다. 관찰을 통해 의미를 만들고, 연결을 통해 행동을 조정하는 능력, 이 두 가지가 자리 잡을 때 비로소 신입은 조직의 흐름 속에서 안정적으로 자신의 자리를 찾는다.

01.

적응의
우선순위

 입사 첫날, 신입사원은 치열한 경쟁을 뚫고 입사했다는 자부심으로 가득하다. 그러나 그 자부심이 때때로 초기 적응을 어렵게 만든다. "능력으로 뽑혔으니 능력으로 인정받아야 한다"는 압박이 스스로를 몰아붙이고, 조급한 마음은 불필요한 실수로 이어지기 쉽다. 반면 조직과 상사가 바라보는 기준은 전혀 다르다. 그들은 신입의 역량보다 "얼마나 빨리 조직을 이해하려고 하는가", "얼마나 주도적으로 배우려 하는가"를 먼저 본다. 여기서 신입과 조직 사이의 첫 인식 차이가 발생한다.

 대학 시절의 성취는 개인의 능력과 노력으로 완결되었지만, 조직의 성과는 구조와 관계 속에서 만들어진다. 신입이 맡는 작은 업무조차 혼자 처리할 수 있는 일은 거의 없다. 상사의 의사결정, 동료의 정보,

다른 부서의 우선순위가 서로 맞물려야 일이 완성된다. 그렇기에 입사 초기의 과제는 성과가 아니라 '업무가 어떻게 흘러가는지, 관계가 어떤 구조로 작동하는지'를 이해하는 일이다.

조직은 신입에게 즉각적인 성과를 기대하지 않는다. 대신, 배우는 태도를 본다. 질문을 통해 맥락을 파악하는 자세, 놓치지 않으려 기록하는 습관, 작은 도움에도 감사함을 표현하는 정직함은 신입이 조직의 일부가 되려는 의지를 보여주는 행동이다. 반대로, 능력을 과시하려는 조급함이나 "내 일만 하겠다"는 태도는 상사의 신뢰를 거둬들이고, 동료와의 연결을 약하게 만든다. 신입의 평판은 실력보다 먼저 태도에서 형성된다는 점을 잊어서는 안 된다.

적응의 우선순위는 분명하다. 관계 → 조직문화 → 직무의 순서다. 관계를 통해 소통의 문법을 배우고, 조직문화를 이해한 뒤에야 직무의 전문성이 제 힘을 발휘한다. 관계는 신입을 조직의 대화로 이끄는 입장권이고, 조직문화는 그 대화가 작동하는 규칙이며, 직무는 그 규칙 안에서 수행되는 게임 자체다. 규칙을 모른 채 뛰어드는 선수에게 좋은 플레이가 나올 수 없는 것과 같다.

처음에는 조직에 자신을 맞추는 과정이 필요하다. 이는 개성을 포기한다는 의미가 아니라, 신뢰를 쌓아 개성이 설 자리를 만드는 과정이다. 적응 없이 개성을 드러내면 이질감이 생기지만, 적응을 통해 동료와 상사의 신뢰를 얻은 후라면 그 개성은 조직 변화의 씨앗이 된다. 신입의 개성은 조직의 문법을 배운 뒤에야 온전히 빛난다.

입사 초기 3개월은 일보다 사람을 배우고, 조직보다 문화를 이해해야 하는 시기다. 이 기간이 탄탄할수록 이후 발휘되는 역량의 스케일은 더 커진다. 결국 조직 적응의 핵심은 빠른 증명이 아니라 깊은 이해다. 자신을 천천히 조직 속에 녹여내는 과정 속에서 신입은 외부인에서 내부인으로 성장한다. 그리고 이 과정을 통과한 사람만이 언젠가 조직을 변화시키는 주체가 된다. 조직을 이해한 사람만이 조직에 변화를 만들 수 있다. 그 출발점은 성과가 아니라 적응의 우선순위를 바로 잡는 일이다.

02.

현실과
기대

신입사원이 조직에서 처음 부딪히는 벽은 능력 부족이 아니다. 대부분은 기대와 현실의 간극에서 비롯된다. 대학에서는 정답이 존재하고, 교수는 학생이 그 정답에 도달하도록 안내한다. 학교에서는 노력의 양과 성취가 비교적 명확하게 연결된다. 그러나 조직은 전혀 다른 세계다. 정답이 하나가 아닌 경우가 대부분이고, 때로는 정답이 아예 존재하지 않는다. 대학이 '정답의 세계'라면 조직은 '부분 해법의 세계'에 가깝고, 그 안에서 내려지는 판단은 논리가 아니라 맥락의 힘에 의해 움직인다.

신입이 혼란을 느끼는 이유는 여기에 있다. "이 정도면 기준이 명확해야 하지 않나요?", "왜 아무도 정확한 답을 말해주지 않죠?"라는 질문들은 조직이 지닌 본질적인 모호성과 불확실성에 대한 이해 부족에서 나온다. 조직은 학교처럼 일일이 설명해주지 않는다. 오히려 신입이 스스로 관찰하고 해석하며 길을 찾아야 하는 부분이 훨씬 많다. 보고 방식, 의사결정 구조, 부서 간 힘의 관계, 암묵적 규범 같은 핵심 요소는 교육받는 것이 아니라 스스로 읽어내야 하는 것이다.

실제로 많은 신입은 상사의 모호한 피드백을 무능이나 무관심으로 오해한다. "왜 기준을 분명히 말하지 않을까?"라고 생각한다. 그러나 다수의 조직에서 '모호한 말'은 이상한 일이 아니라 정상적인 상황이다. 상황이 변하고, 조건이 바뀌고, 여러 현실적 제약이 동시에 존재하기 때문에 기준을 명확하게 규정할 수 없는 경우가 훨씬 많다. 그래서 오전에 힘주어 지시했던 보고서 방향이 오후에 아무 설명 없이 바뀌는 일도 발생한다. 이때 신입에게 필요한 것은 정답을 묻는 질문이 아니라 상황과 흐름을 읽는 감각이다.

그 감각은 세 가지로 구성된다. 첫째, 관찰. 말보다 행동을 보고, 규정보다 반복되는 행동 패턴을 읽는 능력이다.

둘째, 흐름. 일이 어디에서 시작되고 어디에서 자주 변경되는지, 의사결정의 변화를 누가 주도하는지 파악하는 능력이다.

셋째, 신호. 긴장감, 애매한 회의의 분위기, 표정과 말투 같은 비언어적 메시지를 이해하는 능력이다.

이 세 가지 감각이 축적되어야 신입의 혼란은 서서히 질서로 전환된다.

조직 현실의 또 다른 특징은 성과가 즉시 인정되지 않는 구조다. 대학에서 성적은 분기마다 눈에 보이게 주어지지만, 조직의 평가 기준은 훨씬 느리고 간접적이다. 노력과 실력은 먼저 신뢰라는 형태로 쌓인다. 신뢰는 큰 성취가 아니라 작은 행동의 반복에서 만들어진다. 정해진 시간 안에 보고하는 것, 약속한 일을 지키는 것, 메모하는 습관, 필요한 순간에 확인하는 태도—이런 사소한 행동이 신입의 초기 평판을 결정한다. 신입의 기대는 '한 번 잘하면 인정받을 것'이지만, 현실은 '여러 번 안정적으로 해낼 때 신뢰가 쌓인다'는 것이다.

결국 신입의 적응은 기대 조절 → 현실 이해 → 조직 감각 형성 → 신뢰 구축이라는 네 단계로 이루어진다. 이 과정을 이해하지 못하면 조직생활은 늘 모순과 불만으로 가득해 보인다. 반대로 이 질서를 받아들이면 조직은 이해 가능한 구조를 갖추기 시작한다.

기대와 현실의 간극은 누구에게나 존재한다. 중요한 것은 그 간극을 줄이려는 태도다. 신입이 조직에 실망할 필요는 없다. 오히려 그 모호성을 이해하는 만큼 조직 현상을 꿰뚫는 안목을 얻게 된다. 이해와 설명만으로도 상당 부분의 답답함과 불안감은 줄어든다. 일단 적응하면 어디든 살아갈 수 있다. 그러기 위해서는 조직의 방식에 나의 기대를 맞추는 일이 필요하다.

03.

순응,
성장을 위한 예열

　신입사원이 조직에서 처음 맞닥뜨리는 난관의 상당수는 '순응'에 대한 오해에서 비롯된다. 많은 청년들은 순응을 '개성을 잃는 행위', "불합리한 관행에 침묵하는 것"으로 받아들이지만, 조직사회화 관점에서 순응은 그런 소극적 태도가 아니다. 순응은 신입이 낯선 생태계에 진입할 때 필요한 전략적 적응 단계이며, 관계 형성·갈등 예방·역할 학습을 위한 일종의 준비 기간이자 관찰 단계다.

　신입이 순응을 오해하는 이유는 대부분 학교 경험 때문이다. 대학에서는 자신만의 생각을 분명히 말하고, 빠르게 존재감을 드러내는 것이 좋은 평가를 받았다. 하지만 조직은 다르다. 구조·관계·규범이라는 보이지 않는 축이 업무보다 먼저 작동한다. 이 축을 읽기 전의 자기주장은 의도와 달리 기존 질서를 흔들고, 암묵적 금기를 건드리며, 불필요한 충돌을 유발한다. 실제로 신입이 겪는 대부분의 갈등은 업무 실패가 아니라 맥락을 오독한 데서 시작된다.

이 지점에서 순응은 서퍼가 바람과 파도를 먼저 읽는 과정과 닮아 있다. 초보 서퍼가 흥분한 나머지 파도 위에 곧바로 올라타면, 금세 중심을 잃고 물속으로 뒤집힌다. 바람의 방향, 파도의 높낮이, 파도가 깨지는 지점—이 모든 흐름을 먼저 관찰하고 몸에 익혀야 비로소 파도와 하나가 된다. 순응은 바로 이런 '조직의 바람과 파도'를 읽는 과정이다. 신입이 조직의 흐름을 충분히 파악하기 전이라면, 어느 방향으로 움직이든 엇박자가 날 가능성이 높다.

초기 순응이 필요한 이유는 명확하다. 입사 첫 3개월은 정보의 비대칭이 극대화된 기간이다. 누구에게 우선 보고해야 하는지, 어떤 업무가 암묵적으로 중요한지, 부서 간 경계가 어디서 민감한지 신입은 알지 못한다. 이때 자기 판단만 믿고 행동하면 선배에게는 '의도치 않은 도전'으로, 상사에게는 '조직의 가정과 규범을 흔드는 위험 신호'로 해석될 수 있다. 순응은 이러한 불필요한 충돌을 피하고 관계적 안전지대를 확보하는 장치다.

초기 순응은 최소 세 가지 순기능을 갖는다.

첫째, 조기 갈등 회피다. 구조와 권한 체계를 모르는 단계에서는 작은 말과 행동도 조직에서는 신호로 해석된다. 순응은 이 예민한 시기를 무사히 넘기게 하는 보호막이다.

둘째, 관계 기반 형성 기능이다. 겸손함과 관찰 태도는 선배와 상사의 신뢰를 여는 거의 유일한 열쇠다. 기본 신뢰가 없으면 역량도 발휘

되기 어렵다.

셋째, 학습 촉진 기능이다. 순응을 통해 신입은 조직 특유의 속도·협업 방식·말의 무게·비공식 규범을 관찰하며 몸으로 익힌다.

순응은 신입의 잘못된 기대를 조정하는 역할도 한다. "내 의견을 빨리 인정받아야 한다", "논리에 맞지 않으면 바로 문제를 제기해야 한다"는 대학적 사고는 조직에서는 '맥락을 모르는 신입'으로 읽히기 쉽다. 순응을 통해 신입은 "먼저 이해하고, 나중에 제안한다"는 조직의 기본 문법을 배운다. 이는 팔로워십의 토대이기도 하다. 뛰어난 팔로워는 지시에 순종하는 사람이 아니라, 상황을 읽고 상사의 의도를 보완하며 팀의 흐름을 안정시키는 사람이다. 초기 순응은 바로 이 감각을 길러준다.

물론 순응을 잘못 이해해서는 안 된다. 비합리를 묵인하거나 침묵하거나 무조건 복종하는 것은 순응이 아니라 위험한 자기보호이며, 더 큰 문제를 초래한다. 순응의 핵심은 표면적 복종이 아니라 맥락을 이해하기 위한 내면적 태도다. 이해가 축적된 뒤에도 동일한 자세를 유지한다면 그것은 성숙이 아니라 무능이다.

결국 순응은 신입이 입사 초기에 반드시 획득해야 할 전략이다. 이는 자신을 억누르는 과정이 아니라, 바람과 파도를 읽고 흐름에 몸을 싣기 위한 서퍼의 예열 단계에 가깝다. 조직의 흐름을 충분히 관찰하고 방향성을 잡은 이후에야 비로소 진짜 역량 발휘와 의견 제시가 가능해진다. 순응은 성장의 지연이 아니라, 더 멀리 나아가기 위한 초기 가속 장치다.

04.

역할
(Role taking)

    신입사원이 조직에서 겪는 초기 혼란 중 하나가 '역할(Role)'에 대한 이해와 오해에서 비롯된다. 많은 신입은 역할을 직무기술서에 제시된 것이 전부라고 생각하기 쉽다. 그러나 조직에서의 실제 역할은 훨씬 복잡하고 유동적이다. 실제 상황에서 역할은 팀의 필요, 상사의 기대, 협업 구조, 조직문화가 매일 교차하며 형성되는 살아 있는 구조다. 회의에서 다뤄지는 대부분의 조정 이슈 역시 변화된 상황과 업무 흐름에 따른 역할(R&R: Roles and Responsibilities) 조정과 변화를 다룬다. 이런 점에서 일은 곧 역할의 재조정(역할 모호성 → 역할 명료화 → 역할 재구성)의 연속이라고 할 수 있다.

    대학에서의 역할은 비교적 명확했다. 학생 시절에는 역할을 벗어난 행동이 '적극성'으로 칭찬받지만, 조직에서는 그 행동이 월권, 불필요한 갈등 유발, 또는 팀의 분위기를 흐리는 행위로 받아들여질 수 있다. 이 차이를 이해하지 못하면 신입의 초기 행동은 쉽게 오해를 낳고, 불필요한 긴장과 갈등을 초래한다.

역할을 이해하는 과정은 맥락을 읽는 것에서 시작된다. 역할 명료화를 위한 첫 번째 단계는 관찰이다. 팀원들은 어떤 방식으로 기여하는가? 상사가 가장 민감하게 반응하는 지점은 어디인가? 어떤 업무들이 서로 얽혀 있고, 어떤 흐름이 협업의 핵심인가? 이 질문에 대한 답을 찾는 과정이 역할 이해의 단서가 된다.

두 번째 단계는 조직에서 역할은 업무(Task)가 아니라 관계적 위치로 결정된다는 점이다. 같은 일을 하더라도 어느 단계에서 기여하고, 누구의 의사결정에 영향을 미치며, 어떤 흐름을 누가 통제하는지가 역할의 실체다.

세 번째 단계는 역할 공백에 대한 기여다. 조직 안에는 늘 '역할의 빈틈'이 존재한다. 누가 맡았다고 명시되지 않았지만 반드시 누군가는 해야 하는 일들이다. 업데이트가 멈춘 데이터, 기록은 있으나 정리가 부족한 회의록, 회의 준비와 마무리, 제안서나 보고서의 근거 자료 정리 등이 대표적이다. 신입이 이 작은 틈을 발견하고 메우는 행동은 단순한 '소모적이고 먼지나는 일'이 아니다. 이는 팀의 운영 방식을 이해하고, 조직 전체의 경험을 체득하게 하는 중요한 과정이며, 자신의 실제 역할 경계를 탐색하는 가장 안전하고 효과적인 방법이다. 조직에서 사소한 일을 대하는 태도가 곧 업무 신뢰도를 결정한다. 아무도 신경 쓰지 않던 문제를 스스로 정리하는 사람은 결국 중요한 일도 맡길 수 있는 사람으로 인식된다.

　신입이 반드시 기억해야 할 마지막 원칙은, 역할은 확장보다 정착이 먼저라는 점이다. 많은 신입이 스스로를 증명하기 위해 역할을 성급히 넓히려 하지만, 이는 가장 위험한 초기 실수다. 기본 역할이 안정적으로 자리 잡기 전의 확장은 월권으로 보이기 쉽고, 팀의 리듬을 깨뜨릴 수도 있다. 초기에는 역할의 바깥을 넓히는 것이 아니라, 현재 맡은 역할을 깊이 이해하고 정확히 수행하는 것이 더 중요하다. 이 역할 정착(Role Taking)이 이루어졌을 때 비로소 자연스러운 역할 확장(Role Making)이 가능해진다.

　역할은 고정된 구조가 아니다. 따라서 역할 명료화는 한 번으로 끝나는 작업이 아니라, 끊임없이 관찰하고 조정하며 자신의 위치를 재규정하는 과정이다. 이 과정에서 중요한 것은 '내가 맡은 일'보다 '내가 어떤 방식으로 팀의 흐름을 안정시키는가'에 대한 인식이다. 신입은 이 관점을 이해할 때, 단순히 역할을 수행하는 사람이 아니라 팀이 신뢰하는 구성원으로 성장할 수 있다.

05.

첫 상사,
관계에 대한 상호 책임

　직장인의 첫 경력에서 가장 중요한 변수는 무엇일까. 많은 신입사원이 '업무 능력'이나 '기업 문화'를 떠올리지만, 실제로 첫해를 좌우하는 결정적 요소는 첫 상사다. 신입사원의 눈에 '조직'은 추상적이지만, '상사'는 매우 구체적인 얼굴을 가진 조직 그 자체로 다가온다. 상사는 "이 조직에서 우리는 이렇게 일한다"를 몸으로 보여주는 사람이다. 특히 첫 상사는 신입사원에게 일을 시키는 사람을 넘어, 일하는 방식을 함께 설계해 주는 사람에 가깝다. 일방적 지시만 하는 상사와, 왜 그렇게 해야 하는지, 이 일이 팀과 조직 안에서 어떤 의미를 갖는지까지 설명하는 상사는 전혀 다른 영향을 남긴다. 어떤 상사는 신입사원을 단순한 '손발'로 쓰고, 어떤 상사는 '함께하는 동료'로 성장시킨다. 그래서 첫 상사는 누군가에게는 '평생 잊지 못할 스승'으로, 또 다른 누군가에게는 '다시는 만나고 싶지 않은 사람'으로 남기도 한다. 첫 상사는 신입이 조직을 바라보는 기본 프레임을 형성하는 주체다.

그럼에도 불구하고 신입은 종종 상사에게 일방적인 기대를 갖는다. 마치 교수님이 학생을 지도하듯, 상사가 필요한 지식과 방향을 모두 제공해야 한다고 믿기 때문이다. 그러나 조직에서의 상사는 교육자가 아니다. 그들은 팀의 성과를 책임지는 리더이며, 시간과 에너지의 상당 부분을 업무 관리에 투입한다. 신입이 이러한 현실을 이해하지 못하면 실망과 오해는 필연적으로 생긴다. 관계가 틀어지는 지점은 대부분 '상사에게 너무 많은 것을 기대했거나, 상사가 충분히 설명해주지 않았다고 신입이 느낄 때'이다.

이때 신입에게 필요한 첫 번째 태도는 팔로워십이다. 팔로워십은 복종이 아니라 이해다. 상사가 어떤 방식으로 일하고, 무엇을 중요하게 생각하며, 어떤 정보가 필요로 하는지를 관찰하는 능력이다. 상사의 의사결정 리듬과 보고 선호를 파악하는 것만으로도 협업 효율은 놀라울 정도로 높아진다. 이는 신입이 사용할 수 있는 가장 강력한 관계 구축 전략이다.

두 번째는 선제적 소통이다. 많은 신입이 "상사가 바빠 보여 말을 못 건다"고 말하지만, 상사들은 오히려 명확한 보고와 질문을 반긴다. 신입의 한마디 "팀장님, 피드백 좀 부탁드립니다"라는 요청은 상사가 가장 신뢰하는 행동 중 하나다. 이것이 바로 상호 책임의 출발점이다. 상사는 방향을 제시할 책임이 있고, 신입은 그 방향을 정확히 이해하고 수행할 책임이 있다. 일상에서 누군가의 말은 흘려들어도 문제가 없을 수 있지만, 상사의 피드백을 가볍게 대하는 것은 신뢰관계를 무너뜨릴 수 있다. 상사의 피드백은 사소해 보여도 공식적인 의견이자 요구다. 이를 무시하는 태도는 곧 상사 자체를 무시하는 행동으로 받아들여질 수 있다. 상사의 피드백은 단순한 잔소리가 아니라, 지시와 책임이 담긴 '수행의 메시지'로 해석해야 한다.

세 번째는 상사에 대한 기여다. 상사는 신입에게 누가 시키지 않아도 팀의 빈틈을 메우는 안정적인 기여를 기대한다. 작은 기여를 꾸준히 해내는 신입은 그 자체로 상사에게 신뢰를 주는 존재가 된다. 상사는 '믿고 일을 맡길 수 있는 사람'을 원한다. 그 신뢰는 결국 신입에게 더 큰 경력 성장의 기회로 돌아온다.

물론 상사가 모든 것을 결정하는 것은 아니다. 동료, 팀 문화, 조직의 온보딩 제도 등 다양한 요인이 신입의 적응을 함께 돕는다. 그러나 신입의 첫 1년 동안 가장 강력한 영향력을 미치는 존재가 첫 상사라는 사실만큼은 분명하다.

06.

셀프리더십,
양날의 검 위에서

대학에서는 창의성과 자기주도성이 미덕이었다. 아이디어 공모전이나 발표 대회에 참가할 때 누구의 승인도 필요하지 않았다. 개인의 판단에 따라 자유롭게 기획하고 참여할 수 있었고, 결과 역시 온전히 개인의 몫이었다. 그러나 조직사회에서는 사정이 다르다. 비슷한 프로젝트라 해도 상사와의 사전 조율, 공식·비공식 승인 절차가 필수적이며, 결과뿐 아니라 그 과정 자체가 평가의 대상이 되기도 한다.

문제는 신입이 '셀프리더십'을 곧 "내 방식대로 주도적으로 해보겠다"로 오해할 때 발생한다. 셀프리더십은 스스로 동기를 부여하고, 스스로 목표를 설정하며, 스스로 성장을 주도하는 능력을 의미한다. 그러나 조직이라는 현실 속에서 셀프리더십이 항상 긍정적으로만 작동하는 것은 아니다. 자기주도성은 때로 오해를 만들고, 더 나아가 팀의 리듬을 깨뜨리는 원인이 되기도 한다. 그래서 셀프리더십은 신입에게 양날의 검이다. 잘 쓰면 성장의 가속기가 되지만, 잘못 쓰면 관계 갈등의 출발점이 된다.

셀프리더십의 첫 단계는 '내가 하고 싶은 방식'을 앞세우는 것이 아니라 '팀이 필요로 하는 방식'을 파악하는 일이다. 이는 리더십이 아니라 팔로워십의 영역이다. 상사의 선호, 팀의 운영 방식, 보고와 확인의 미묘한 흐름을 이해하지 못하면 자기주도성은 오히려 팀의 혼란을 초래한다. 행동보다 앞서 필요한 것은 관찰이다. 관찰을 통해 팀의 호흡을 읽고, 그 안에서 자신이 기여할 작은 틈을 찾는 것이 진짜 셀프리더십이다.

둘째, 셀프리더십은 '선택과 집중'의 문제다. 신입은 모든 일을 주도적으로 잘하고 싶어 하지만, 조직은 신입에게 그만큼의 범위를 허락하지 않는다. 자신의 역할을 안정적으로 수행한 뒤에야 새로운 시도를 할 수 있다. 기본기를 다지기도 전에 전략적 제안을 하거나, 우선순위를 정하지 않은 채 여러 일을 동시에 추진하는 것은 '잘하려는 마음'이 '불필요한 소란'으로 바뀌는 대표적 사례다.

셋째, 셀프리더십은 책임감의 또 다른 표현이다. 자기주도적이라는 것은 모든 일을 혼자 해결하겠다는 의미가 아니라, 필요한 순간에 도움을 요청할 줄 안다는 뜻이다. 도움 요청은 무능의 표시가 아니라 리스크 관리이며, 이는 상사와 팀이 가장 신뢰하는 행동 중 하나다. 자기주도성을 발휘한다며 모든 문제를 홀로 끌어안는 것은 성숙함이 아니라 위험이다.

마지막으로, 셀프리더십은 태도나 표현이 아니라 방식의 문제다. 같은 아이디어라도 언제, 어떻게, 누구에게, 어떤 맥락에서 제안하느냐에 따라 평가가 달라진다. 조직에서 '좋은 제안'은 내용보다 타이밍에서 결정된다. 타이밍을 읽지 못한 셀프리더십은 '나서기'로 해석되고, 조율된 셀프리더십은 '기여'로 인정된다.

결국 신입에게 셀프리더십이란 나를 드러내는 기술이 아니라 나를 조율하는 기술에 가깝다. 자기주도성과 조직문법의 균형, 열정과 관찰의 균형, 행동과 리스크 관리의 균형을 잡는 사람만이 셀프리더십이라는 양날의 검을 안전하게 다룰 수 있다. 잘 쓰면 성장의 최전선에 서게 되고, 잘못 쓰면 관계의 균열이 시작된다. 이런 점에서 신입에게 필요한 셀프리더십은 '더 많이'가 아니라 '더 정확하게'다.

07.

직무관계,
점심 한 끼에서 시작된다

　신입사원이 조직에 들어와 가장 먼저 겪는 낯섦 중 하나는 인간관계의 방식이 이전과 달라졌다는 사실이다. 학교나 사적 모임에서는 정서적으로 친해지는 것이 관계의 출발점이었다. 그러나 조직에서의 인간관계의 출발은 직무적 필요성이다. 다시 말해, 친해야 일이 잘되는 것이 아니라 일이 잘되어야 관계가 자연스럽게 형성된다.

　조직사회화 연구에서 말하는 '직무관계'는 단순한 인간관계가 아니다. 이는 성과를 만들기 위해 반드시 필요한 기능적·협업적 관계를 의미하며, 상사·동료·협업 파트너를 모두 포함한다. 직무관계는 개인적 호불호가 아니라 역할과 책임의 연결, 예측 가능성, 신뢰성으로 작동한다. 동료는 친구가 아니라 과업의 파트너이며, 상사는 조언자가 아니라 성과를 책임지는 리더다. 따라서 중요한 것은 '저 사람이

나를 좋아하는가'가 아니라, '업무 흐름에서 내가 얼마나 중요한 역할을 담당하고 믿을만한 사람인가'이다.

입사 초기 1~3개월은 직무관계를 형성하는 결정적 시기다. 이 기간의 점심 약속 하나는 단순한 식사가 아니라 정보 접근권과 비공식적 인정을 좌우하는 사회적 신호가 된다. 조직의 비공식적 규범, 업무의 미묘한 뉘앙스, 상사와 동료의 선호는 점심 자리에서 더 자연스럽게 드러난다. 신입사원의 초기 사회화가 비공식 정보 채널에서 50% 이상 이루어진다는 연구도 있다. 이러한 접점에 참여하지 않는 신입은 업무는 이해해도 맥락을 놓치는, 즉 일은 아는데 분위기는 모르는 사람이 될 위험이 있다.

문제는 직무관계의 실패가 관계적 소외에만 그치지 않는다는 점이다. 정보 흐름에서 빠지고 협업의 흐름에서 벗어나면, 결국 '중요한 순간에 보이지 않는 사람', '팀의 흐름을 읽지 못하는 사람'이라는 평가로 이어진다. 신입에게 가장 위험한 동료 평가는 '능력이 부족하다'가 아니라 '함께 일하기 어렵다'는 것이다.

직무관계는 비공식의 자리에서 배우고, 공식의 자리에서 증명된다. 점심 자리에서는 사람이 보이고, 회의 자리에서는 역할이 드러난다. 신입은 이 두 공간을 모두 활용해야 한다. 점심 자리에서는 조직의 문화를 읽고, 회의에서는 준비된 태도로 신뢰를 쌓아야 한다. 중요한 것은 말이 많거나 적은 것이 아니라, 질문 하나, 경청 하나가 관계의 문을 연다는 점이다.

결국 직무관계는 점심 한 끼와 같은 사소한 순간에서 시작될 수 있지만, 그 본질은 일을 대하는 태도에서 완성된다. 신입에게 중요한 것은 '좋은 사람'이 아니라 '함께 일할 수 있는 사람'이 되는 일이다. 좋은 사람은 감정으로 평가되지만, 함께 일할 수 있는 사람은 행동으로 판단된다. 조직은 결국 일을 중심으로 돌아가기 때문이다.

직무관계를 잘 구축한 신입은 더 많은 정보, 더 나은 기회, 더 빠른 역할 명료화를 얻는다. 반대로 이를 소홀히 한 신입은 업무보다 관계에서 먼저 어려움을 겪는다. 직무관계는 인간관계의 부담을 줄이고, 업무 효율을 높이며, 조직 적응의 속도를 높이는 가장 효과적인 온보딩 전략이다.

08.

팀워크,
연습 경기에서 증명된다

신입사원이 조직에서 처음 겪는 난관 중 하나는 '역할 경계의 모호함'이다. 직무기술서에는 업무와 책임이 명확하게 구분되어 있지만, 실제 팀 안으로 들어가면 말과 행동의 범위가 쉽게 흔들린다. "내 역할은 어디까지인가?", "이 요청은 내가 해야 하는 일인가?" 같은 질문이 반복되는 이유다. 특히 입사 초기에는 공식 업무 외에도 지원·보조 성격의 일을 맡게 되는데, 신입은 이를 흔히 '잡무'로 오해한다. 그러나 이런 일들은 사실상 팀워크를 익히는 연습경기에 가깝다.

연습경기는 결과보다 호흡을 맞추는 과정에 가깝다. 이 단계에서 중요한 것은 완벽한 결과가 아니라, 서로의 속도·말투·작업 방식·협업 감각을 익히는 일이다. 팀은 이러한 연습경기 속에서 신입의 태도를 가장 명확하게 평가한다. "이 사람과 함께 일할 수 있겠는가?"라는 판단은 실력보다 연습 과정에서 드러나는 협업 태도와 팀 적응 능력을 기준으로 이루어진다.

이 과정에서 신입이 먼저 익혀야 하는 것은 팀의 호흡을 읽는 감각이다. 어떤 팀은 빠른 의사결정을 중시하고, 어떤 팀은 충분한 논의와 합의를 선호한다. 어떤 팀은 회의 중 자유로운 발언을 장려하지만, 다른 팀은 발언의 순서와 맥락을 중요하게 여긴다. 팀의 업무 흐름을 이해하지 못하면 신입은 엇박자를 낼 수밖에 없다. 의욕적으로 의견을 낸 것이 '팀 흐름을 깨는 것'으로 보일 수도 있고, 신중한 태도가 '소극성'으로 해석될 수도 있다.

두 번째는 팀에 대한 기여의 방식이다. 신입에게 주어지는 지원 업무나 작은 정리 작업은 사소해 보일 수 있지만, 팀워크 관점에서 보면 이런 맡김은 서로의 연결 구조를 익히는 실습이다. 반복적인 자료 현행화, 간단한 데이터 정리, 팀 프로젝트 보조와 같은 작업은 모두 팀 운영의 기반을 뒷받침하는 역할이다. 연습경기에서 이러한 보이지 않는 기여를 꾸준히 수행하는 사람은 결국 팀의 신뢰를 가장 빨리 얻는다. 팀은 화려한 능력보다 함께하며 흐름을 안정시키는 사람을 선호한다.

세 번째는 적극성의 방향을 바로잡는 일이다. 많은 신입은 '혼자 잘하면 팀이 인정해줄 것'이라고 믿지만, 조직은 개인의 완성보다 팀의 조화와 연결성을 더 중요하게 본다. 스스로 모든 일을 해결하려는 태도는 오히려 협업의 흐름을 끊는다. 조직은 완벽한 해결책보다 정확한 질문, 협업 요청에 대한 적절한 도움, 진행 상황을 투명하게 공유하는 태도를 더 가치 있게 평가한다. 팀워크는 혼자 하는 드리블보다 연결하는 패스 감각이 우선한다.

신입이 흔히 저지르는 또 하나의 실수는 자기 일만 챙기는 태도다. 동료의 요청을 '내 일이 아니다'라고 판단해 후순위로 미루는 순간, 팀과의 거리는 빠르게 벌어진다. 팀워크는 개인 단위의 경쟁이 아니라 연결 기반의 경기다. 혼자 빨리 가는 사람보다, 흐름을 함께 읽고 움직이는 사람이 진짜 팀원으로 인정받는다.

축구나 농구에서 연습경기 과정에서 보인 태도가 출전 여부를 결정하듯, 팀도 사소한 협업의 순간에서 신입의 가능성을 판단한다. 연습경기에서 드러나는 태도—묻기, 돕기, 기여하기, 조율하기—는 본선에서 어떤 역할을 맡길지 결정하는 중요한 단서가 된다. 조직에서는 과정 하나하나가 이미 결과의 일부이기 때문이다.

결국 '잘 맞는 팀'은 저절로 만들어지지 않는다. 서로의 호흡과 방식, 말투와 리듬을 조금씩 조율해 가며 형성되는 결과물이다. 개인의 성취보다 팀의 호흡을 배우는 과정, 그것이 조직사회에서 신입에게 주어지는 연습경기의 진짜 의미다.

09.

조직문화,
공식 뒤의 조직문법

신입사원에게 조직문화는 모호하고 추상적으로 느껴진다. 입사 첫날 "우리 조직의 핵심 가치는 ○○입니다"라는 설명을 듣지만, 정작 현장에서 그 가치가 어떻게 작동하는지 물어보면 누구도 명확히 설명하지 못한다. 그 이유는 조직문화가 문구나 선언이 아니라, 구성원들이 실제로 일하고 결정하고 움직이는 방식 속에서 드러나기 때문이다. 다시 말해 조직문화란 '그렇게 해 온 방식', 즉 집단적 행동 패턴이 굳어져 형성된 무의식적 수준의 암묵적 규범이다.

이 규범은 마치 비행기의 자동항법장치(autopilot)와 같다. 조종사가 모든 동작을 일일이 의식하지 않아도 비행기가 일정한 궤도를 유지하듯, 구성원들도 조직이 당연하게 여겨온 가정과 행동방식을 따라 움직인다. 공식 매뉴얼보다 실제 행동이 조직 운영을 더 강하게 좌우하는 이유가 바로 여기에 있다. 조직문화는 비행기의 자동항법장치처럼 구성원들이 매번 판단하지 않아도 일정한 방식으로 움직이게 하며, 조직의 흐름을 자동화한다. 이러한 자동화된 집단 규범은 불필요한 지시와 조율을 줄이고 협업 속도를 높이며, 실수 가능성을 예방한다. 결국 조직문화는 구성원들의 행동을 한 방향으로 정렬시키는 보이지 않는 항법 시스템으로 작동해 조직 전체의 효율성과 안정성을 높인다.

신입사원이 조직문화를 어렵게 느끼는 이유는 이 시스템이 단순한 한두 개의 규칙이 아니라 여러 층위가 겹겹이 쌓인 구조이기 때문이다. 흔히 조직문화를 '양파껍질'에 비유하는 이유가 여기에 있다. 가장 바깥층에는 비전·미션 같은 선언적 가치가 있고, 그 아래에는 회의 방식·보고 스타일 같은 행동 규범이 있으며, 가장 깊은 핵심에는 구성원들이 '당연히 그렇다'고 여기는 암묵적 가정(assumptions)이 자리한다. 이 핵심층이 조직문화의 실질적 뿌리이자 행동을 결정하는 기준이다. 이러한 층위는 단기간에 이해할 수 없으며, 시간이 흐르며 경험·관찰·상호작용을 통해 서서히 드러난다.

그렇다면 신입은 이 복잡한 문화를 어떻게 이해해야 할까?

첫 번째는 관찰이다. 조직문화는 문서가 아니라 사람을 통해 배운다. 누구의 의견이 의사결정에서 영향력을 가지는지, 갈등이 생겼을 때 해결 방식은 직접적인지 우회적인지, 상사는 어떤 보고 양식을 선호하는지—이런 세밀한 관찰이 조직문화의 첫 단서를 제공한다.

두 번째는 맥락 읽기다. 조직에서 의미는 단어 자체가 아니라 맥락 속에서 형성된다. 같은 "이거 한번 검토해줄래?"라는 문장도 누가 말했는지, 언제 말했는지, 어떤 상황에서 말했는지에 따라 의미가 완전히 달라진다. 그것이 단순 확인 요청인지, 우선순위 조정 신호인지, 혹은 책임 위임인지도 조직마다 다르다. 단어는 고정되지만 의미는 맥락 속에서 유동한다.

세 번째는 비공식 규범의 학습이다. 이메일의 톤, 회의에서 농담이 허용되는 분위기인지, 점심 자리에서 어떤 이야기가 오가는지 같은 사소한 것들이 오히려 조직문화의 핵심을 이룬다. 이런 신호를 빨리 포착하는 신입은 자연스럽게 팀과 연결되고 정보 접근에서도 유리한 위치를 점한다.

마지막은 현실적 관점이다. 조직은 언제나 '선언된 가치'와 '작동하는 현실' 사이에서 움직인다. 수평적 문화를 강조하더라도 실제 보고 체계는 위계적일 수 있고, 자유로운 의견 개진을 약속하더라도 회의에서는 연차가 높은 사람의 발언이 우선될 수 있다. 이것을 모순으로 받아들이면 실망하지만, 조직이 생존하며 형성한 집단적 학습의 결과(경로 의존성)로 이해하면 적응 속도가 훨씬 빨라진다. 조직문화는 완벽하거나 합리적이기보다, 그 조직이 지금까지 지속되고 성과를 만들어온 방식의 총합이라는 점을 이해해야 한다.

결국 신입이 조직문화에 적응한다는 것은, 그 조직이 사용하는 보이지 않는 항법 시스템을 학습하는 일이다. 조직문화는 외워서 아는 것이 아니라 관찰하고 해석하며 경험 속에서 몸으로 배워가는 것이다. 이 항법을 이해하는 순간, 신입은 비로소 조직의 흐름과 속도에 맞춰 자연스럽게 움직이는 구성원이 된다.

10.

올바른
실수

신입사원이 가장 두려워하는 것 중 하나는 실수다. 처음 맡은 업무에서 발생한 작은 오류에도 크게 흔들리고, 실수 한 번에 신뢰를 잃을까 불안해한다. 그러나 조직에서 실수는 신입의 결함이 아니라 피할 수 없는 학습의 과정이다. 중요한 것은 실수를 했느냐가 아니라 어떤 실수를 하고, 그 실수를 어떻게 다루느냐이다. 실수에는 '올바른 실수'와 '위험한 실수'가 있다.

올바른 실수란 배우는 과정에서 자연스럽게 발생하는 실수다. 새로운 시스템을 익히면서 생기는 오류, 처음 맡은 보고서에서 놓치기 쉬운 구조적 실수, 팀의 분위기를 이해하기 전 어색하게 나타나는 행동들—이런 실수들은 신입이 적응하고 있다는 증거다. 조직은 이런 실수를 용인한다. 더 정확히 말하면, 이러한 실수를 통해 신입이 얼마나 빠르게 배우고 조정하는지를 본다. 실수는 결점이 아니라 학습 민첩성을 확인하는 창이다.

반대로 위험한 실수는 '몰라서'가 아니라 확인하지 않아서 생기는 실수다. 질문하지 않아 발생하는 오해, 혼자 해결해보려다 문제를 키우는 행동, 이미 한 번 지적받았던 실수를 반복하는 것. 이러한 실수는 팀에 부담을 주고 업무 리스크를 증가시킨다. 신입에게 요구되는 역량은 '실수의 부재'가 아니라 리스크를 줄이는 태도, 즉 '모르는 것을 묻는 용기'다. 질문은 무능이 아니라 책임의 표현이다.

올바른 실수의 조건은 세 가지다.

첫째, 투명해야 한다. 실수를 숨기는 사람은 더 큰 실수를 만든다. 실수 자체보다 처리 방식에서 신뢰가 갈린다. "이런 부분을 놓쳤습니다. 이렇게 수정했습니다."라는 한 문장은 신입을 용기 있고 성숙하게 보이게 한다.

둘째, 재발하지 않아야 한다. 실수가 있었던 이유를 기록하고, 체크리스트를 만들고, 이후 업무에 실수가 반복되지 않도록 주의해야 한다. 반복은 실수 자체보다 위험하다. 반복하지 않는 실수는 경험이지만, 반복되는 실수는 패턴이다.

셋째, 팀의 리스크를 줄이는 방향이어야 한다. 혼자 판단하기 어려운 상황에서는 상사의 의도나 우선순위를 확인하는 것이 리스크 최소화에 가장 효과적이다. 조직은 '알아서 해오는 사람'보다 '확인하고 정확하게 해오는 사람'을 더 신뢰한다.

신입의 실수는 조직이 그를 판단하는 전부가 아니다. 오히려 실수를 대하는 태도를 더 중요하게 본다. 신입이 가장 경계해야 할 것은 실수에 대한 침묵이다. 침묵은 겉으로는 책임감처럼 보일 수 있지만, 조직에서는 매우 위험한 행동이다. 상사는 자신의 팀에서 일어난 문제를 모르는 상태를 가장 우려한다. 문제를 조용히 덮어두는 팀원보다 상황을 제때 공유하고 함께 해결책을 찾는 사람이 훨씬 책임감 있는 구성원으로 인정한다. 실수를 숨길 때 진짜 문제가 되고, 빠른 공유와 보고를 통해 용기를 보일 때 강력한 배움으로 전환된다.

결국 신입에게 '올바른 실수'란 성장을 향해 나아가는 시행착오적 실수를 의미한다. 입사 초기에는 실수를 두려워하기보다, 실수를 통해 배우고 적응하는 태도가 중요하다. 적응 과정의 시행착오는 어느 정도 불가피하며, 이 시기의 실수는 대개 상사나 동료의 관점에서 충분히 통제 가능한 범위 안에 있다. 따라서 실수를 두려워하기보다 학습의 기회로 전환하는 능력이 신입의 성장을 결정한다. 실수를 부족함의 결과가 아니라, 조직·직무·동료를 이해해가는 과정에서 발생하는 자연스러운 성장의 단계로 받아들이는 것이 조직사회화 관점에서 보다 올바른 태도다.

11.

신입에게
성공이란?

신입사원에게 성공이란 무엇일까? 많은 이들이 '빨리 실력을 증명하는 것', '눈에 띄는 성과를 내는 것'이라고 답한다. 그러나 실제 조직에서 신입에게 기대하는 성공은 그와 다르다. 첫해의 성공은 성과의 규모나 가시적 결과로 정의되지 않는다. 학습하고, 관계를 구축하고, 조직의 흐름과 감각에 적응해 가는 과정 자체가 신입 성공의 본질이다. 신입의 첫해는 경력의 출발선이 아니라, 향후 경력을 떠받칠 기반을 다지는 시기다.

신입의 성공을 결정짓는 가장 중요한 요소는 속도가 아니라 방향이다. 무엇을 얼마나 했느냐보다 어떤 태도로 배우고 쌓아가고 있는지가 더 큰 의미를 가진다. 신입에게는 아직 현업에서 요구되는 완성된 기술도, 전문성도, 조직적 영향력도 없다. 따라서 성공의 기준을 '성과'로만 한정하면 실패 가능성이 높아진다. 조직이 신입에게 기대하는 것은 빠른 성과가 아니라 조직의 기대를 이해하고 그 맥락에 잘 적응하는 능력이다.

이곳의 방식에 대한 존중, 학습 민첩성—즉 배우는 속도와 적용 능력—은 신입이 보여줄 수 있는 가장 핵심적인 태도다. 모르는 것을 인정하는 용기, 피드백을 즉시 반영하는 태도, 작은 실수에서 원인을 찾아 개선하려는 자세는 신입의 나선형 성장곡선을 결정짓는 변수들이다.

둘째, 신입의 성공은 관계 자본 형성에서 출발한다. 조직은 개인이 아니라 팀으로 움직인다. 상사의 기대를 이해하고, 동료의 업무 방식을 관찰하며, 적절한 순간에 도움을 요청하거나 제공할 줄 아는 신입은 팀에 자연스럽게 스며든다. 신입에게 관계란 단순한 친밀감이 아니라 함께 일할 수 있는 신뢰를 구축하는 과정이다. 직무관계가 안정되면 신입의 불안과 스트레스는 줄고, 역할과 기회의 범위는 더욱 선명해진다.

셋째, 신입의 성공은 작은 기여의 축적에서 시작된다. 신입에게 큰 프로젝트를 맡기지 않는 이유는 신뢰가 아직 충분히 형성되지 않았기 때문이다. 회의록 정리, 자료 수집, 데이터 정합성 확인, 보고서 양식 보완처럼 작지만 꼭 필요한 업무들이 신입에게 기대하는 성과다. 이러한 작은 성공을 꾸준히 쌓아갈 때 팀은 신입을 '믿고 맡길 수 있는 사람'으로 평가한다. 이 평판이야말로 신입이 구축해야 할 가장 중요한 자산이다.

넷째, 신입의 성공은 기본기의 탄탄함에서 드러난다. 시간 준수, 명확한 커뮤니케이션, 꼼꼼한 문서 작성, 일정 관리 같은 기본 역량은 단순해 보이지만 조직에서 가장 먼저 평가되는 요소다. 반대로 "기본이 안 되어 있다", "왠지 불안하다"라는 평가는 신입에게 매우 위험한 신호가 된다.

마지막으로, 신입의 성공은 조직문화를 이해하는 능력에서 결정된다. 조직은 공식보다 비공식 규범으로 움직이며, 말보다 맥락이 더 큰 힘을 가진다. 보고의 깊이, 말의 톤, 질문의 타이밍 등 눈에 보이지 않는 규칙을 익히는 일이야말로 조직 적응의 핵심이다. 조직문화는 구성원들의 총체적 경험과 행동 규범의 집합체이며, 때로는 요소들끼리 상충되거나 불합리해 보일 수도 있다. 그러나 문제 제기나 비판에 앞서, 먼저 현실 그 자체로 인정하고 수용하는 태도—즉 기본적인 존중—이 필요하다.

결국 신입에게 성공이란 '눈에 띄는 성과'가 아니라 보이지 않는 기반을 단단하게 구축하는 시간이다.

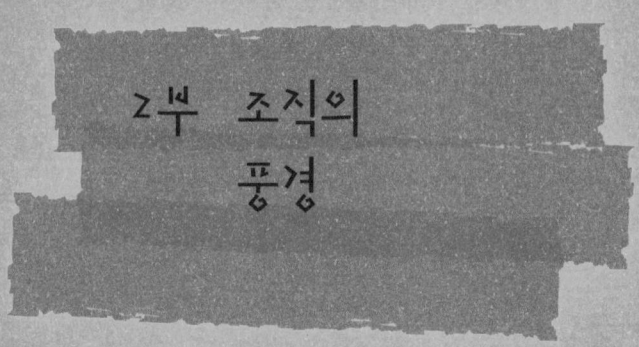

2부 조직의
풍경

1990년대 중반 영화 포레스트 검프에서 가장 인상적인 것 중 하나는 포레스트의 신병훈련소 입소하는 장면이다. 교관들은 막 도착한 훈련병들 앞에 얼굴을 들이밀고 고함을 치며 압도적인 긴장감을 만든다. 교관이 "자네는 왜 군대에 입대했나?"라고 묻자, 포레스트는 "상사님의 명령을 따르기 위해서입니다!"라고 답한다. 교관은 "빌어먹을, 너 정말 천재구나!"라고 외치며 칭찬한다. 이 장면은 시민 정체성이 해체되고 군인의 정체성으로 전환하는 조직사회화의 핵심 과정을 압축적으로 보여준다.

루이스(Louis, 1980)는 신입이 조직에 들어올 때 경험하는 놀람(surprise)과 충격(shock)이 오히려 빠른 적응을 돕는다고 설명한다. 신병훈련소의 높은 긴장과 압력은 개인의 기존 습관을 흔들어 재구성하듯, 조직사회 진입기의 '낯섦'과 '의외성' 역시 신입이 기존 관점을 벗고 새로운 역할 정체성을 형성하는 촉매가 된다. 중요한 것은 놀람 그 자체가 아니라, 그 놀람을 해석하고 의미화하는 과정—즉 센스메이킹이다.

이 과정에서 작동하는 것이 바로 조직문화다. 조직문화는 규정이나 매뉴얼보다 더 강력하게 구성원들에게 '당연한 것'으로 받아들여진 기본 가정의 집합이다. 그리고 이 문화는 신입의 행동을 자동으로 안내하는 일종의 오토파일럿 시스템으로 작용한다. 이는 구성원들의 행동을 한 방향으로 정렬시키고, 불필요한 지시를 줄이며, 실수 가능성을 낮추고, 협업의 속도를 높인다.

01.

신입사원의
말 한마디가 부른 여파

　중견기업의 한 신입사원이 입사 동기들과의 점심 모임에서 "우리 부서는 점심시간이 한 시간 반 정도로 널널해서 좋다"고 말한 사건이 사내 이슈가 되었다. 해당 발언의 주인공은 김 부장의 영업지원팀에 입사한 지 4개월 된 신입사원이었다. 단순한 실언으로 보일 수 있지만, 이 한마디는 개인의 표현을 넘어 부서 전체의 정체성과 신뢰 문제로 비화될 수 있었다. 신입의 말 한마디가 왜 이렇게 큰 파장을 일으킬까? 이 질문은 신입사원이 조직사회화 과정에서 무엇을 먼저 배워야 하는지를 선명하게 보여준다.

　첫째, 신입은 현상의 표면만 보고 맥락을 놓치는 경우가 많다. 영업지원팀의 점심시간은 겉으로 보기에는 여유롭지만, 실제로는 협력 부서와 관계를 구축하는 비공식적 업무의 연장이었다. 최근 성공적인 프로모션 기획도 고객서비스팀과의 점심 대화에서 시작된 바 있다. 즉, 이들의 점심시간은 단순한 휴식이 아니라 직무의 연장선이자 협력을 위한 관계 자본을 쌓는 긴장의 시간이었다.

샤인(Schein)의 조직문화 모형에 따르면, 조직에는 눈에 보이는 규범 뒤에 공유된 가치와 기본 가정이 존재한다. 신입의 발언은 바로 이 기본 가정을 무심코 건드린 셈이다. 팀이 때로 점심시간을 넘겨 미팅을 이어가는 이유는 단순한 친분 때문이 아니라 업무적 필요에서 비롯된 것이다. 그러나 신입은 규정된 점심시간만을 기준으로 판단하여 직무적 긴장과 협력 관계의 구조를 제대로 이해하지 못했다.

둘째, 신입의 말은 개인 의견이 아니라 '부서 전체의 메시지'로 받아들여진다. 입사 초기 신입은 모두의 관심 대상이며, 그의 언행은 부서의 문화와 규율을 대표하는 신호로 해석된다. 회사 전체 입사동기들이 모인 자리에서 나온 발언은 사실상 회사 앞에서 부서를 평가한 것과 다름없다. 만약 이 내용이 인사팀이나 감사팀에 전달되었다면, 문제의 책임은 신입이 아니라 부서장과 팀 선배들에게 돌아갔을 가능성이 크다. 이는 부서 기강 붕괴, 업무 태만, 관리 책임 등 다양한 문제로 확대될 수 있었다.

영업지원팀은 3년 만에 신입을 채용한 터였다. 그 과정에서 김 부장과 팀원들은 공식 보고뿐 아니라 비공식적 설득까지 수개월에 걸쳐 진행했다. 신입 한 명을 받기 위해 투자한 시간과 신뢰, 그리고 조직적 노력이 적지 않았다. 그러나 신입의 짧은 발언은 이 모든 노력을 한순간에 무너뜨릴 수 있었다. 신입의 언행은 개인의 실수에 그치지 않고, 팀의 정체성과 신뢰를 흔드는 메시지가 되었다.

셋째, 이 사건은 신입이 직무기술서보다 먼저 조직 규범과 문화의 문법을 이해해야 한다는 사실을 보여준다. 조직에서 인간관계와 직무는 분리되어 있는 것처럼 보이지만, 실제로는 동일한 기반 위에서 움직인다. 비공식 규범, 관계 관리, 암묵적 기대는 업무 성과만큼 중요하며, 때로는 그보다 더 큰 영향을 미친다. 루이스가 지적했듯, 신입은 조직 맥락을 오해하여 의도치 않게 선배들의 공든 탑을 무너뜨릴 수 있다. 이번 사례는 그 설명을 정확히 재현했다.

결국 신입의 언행은 단순한 표현이 아니라 조직을 비추는 하나의 미디어적 신호다. 신입은 조직에서 자신이 무엇을 말하느냐보다 "내 말이 어떻게 해석될 수 있는가"를 먼저 이해해야 한다. 맥락을 읽는 능력, 관계의 구조를 파악하는 감각, 표현의 무게를 자각하는 태도가 초기 조직사회화에서 중요한 이유다.

입사 초기의 말 한마디는 자기 정체성의 선언이자, 조직의 신뢰를 시험하는 첫 메시지다. 그래서 신입에게 필요한 것은 '말조심'이 아니라 맥락 이해다. 작은 말 한마디가 조직의 긴장과 결속을 뒤흔드는 파동이 되기 때문이다.

02.

볼펜 하나에 담긴
문화 코드

콘텐츠 업계의 한 중소기업 대표가 겪은 일이다. 이 업체는 오랜 업력과 고객사로부터의 우수한 평가로 업계 평판과 브랜드 파워를 갖춘 회사였다. 국내 시중은행과의 계약을 앞두고 대표가 직원과 함께 방문했다. 사전에 과업 내용과 회사의 신용도, 재무 상태에 대해서 이미 검증을 마치고 요식적인 직인 날인만 남긴 상태였다.

그런데 당일 계약 미팅의 분위기는 예상과 달리 이상했다. 담당자는 사전에 검증한 재무제표와 신용등급, 보증보험 자료를 꼼꼼히 다시 살피며 관련 질문을 길게 이어갔다. 대표는 "이게 뭐지?" 하는 의문을 품은 체 미팅을 마쳤다. 담당자는 배웅을 핑계로 주차장까지 따라와 대표의 차종까지 확인하는 눈치였다.

돌아오는 길에 대표와 직원은 담당자의 이상한 반응을 곱씹었다.

대화 끝에 떠오른 단서는 계약서에 서명할 때 사용한 볼펜이었다. 미팅 중반, 담당자가 두 사람의 볼펜을 유심히 보던 순간부터 태도가 달라졌다는 것이다. 대표와 직원이 쓴 볼펜은 길거리 판촉용쯤 되어 보이는 제조사, 모델, 외형이 각기 다른 볼품없는 것이었다. 정작 본인들도 왜 그런 볼펜을 들고 있었는지 알지 못했다.

회사로 돌아온 대표는 전 직원에게 사무실의 볼펜을 모아 회의실로 가져오라고 했다. 회의실 테이블에는 형형색색, 정체불명에 가까운 다양한 종류의 볼펜이 산처럼 쌓였다. 그 순간 대표는 '우리 누구도 이런 기본에 신경 쓰지 않았구나' 하고 깨달았다.

"여기 있는 볼펜은 지금 쓰레기통에 다 버립니다. 앞으로는 회사에서 지급한 것만 사용하세요. 특히 외부 고객 미팅이나 공식 자리에 나갈 때는 새것을 챙겨 나가도록 합시다."

그날 이후 회사는 볼펜 사용 내부 지침을 마련했다. 구매 담당자에게 브랜드, 디자인, 품질과 가격을 고려해 적정 품목을 선정해 즉시 구매하도록 했고, 외부 회의용 전용 필기구 세트를 따로 관리했다. 이 사건을 통해 회사는 사소한 것의 부주의가 회사의 신뢰에 미치는 영향을 재인식했고, 이렇게 공식적인 '볼펜 사용 규범'이 탄생했다.

은행 담당자가 본 것은 표면적 인공물(artifact)인 볼펜이었지만, 거기서 회사의 신뢰성 판단이라는 심층 가정까지 추론했다. 대기업 문화에서는 깔끔한 문서, 표준화된 도구, 통일된 절차가 '회사 신뢰성'의 지표로 해석된다. 반면 중소기업은 실용을 우선해 형식보다는 성과·의사결정, 실행 속도를 중시한다. 서로 다른 문화적 코드가 사소한 볼펜 하나를 두고 전혀 다른 신호로 읽게 만들었다.

　이 사례는 사소한 물건도 중요한 상징적 신호로 작동한다는 점을 보여준다. 음식을 담는 그릇이 맛의 느낌을 바꾸듯, 계약서에 사용한 볼펜도 신뢰의 단서가 될 수 있다. 내용이 아무리 충실해도 표지, 구성 형식이 조잡해 보이면 신뢰에 의구심이 생긴다. 따라서 조직문화의 '사소한 것'을 간과해서는 안 된다. 사소함은 내 시각이 아니라 상대의 시각에서 어떻게 해석되는가가 중요하다. 특히 대기업, 공공기관 등과의 거래가 중요한 중소기업은 자사의 실용적 문화와 외부의 공식적이고 상징 문화 사이에서 균형을 잘 유지해야 한다. 이 볼펜 사건은 대기업과 중소기업의 문화적 간극과 비공식 규범이 어떻게 형성, 작동하는지를 드러낸 사례다.

03.

조직의
금지어

　모든 문화에는 말하거나 행동해서는 안 되는 금기 영역이 있다. 동양에서 숫자 4는 '죽음(死)'과 발음이 같아 불운의 상징으로 꺼려지고, 서양에서는 숫자 13이 저주와 두려움의 상징으로 터부시된다. 이러한 사회적 금기는 미신을 넘어 사람들이 공유하는 의미 체계의 일부다. 조직문화도 마찬가지다. 규정이나 법령에 명시되어 있지 않지만, 조직 내에는 누구도 말하지 못하고 아는 체조차 하지 말아야 하는 금기 사항이 존재한다. 이런 금기는 암묵적이지만 강력하게 작동해 구성원의 언행을 규제하고 침묵하게 한다.

　조직 내 금기 사항은 다양하다. 창업자나 핵심 인물(key man)의 철학과 신념에 반하는 발언, 조직의 중요한 실패나 상사의 실수, 경쟁사 제품에 대한 긍정 평가, 임금·복지에 대한 공개적 불만 등이 대표적이다. 이런 영역은 단순히 '말하지 않는 것'을 넘어, 발언 자체가 곧 조직에 대한 부정적 태도로 받아들여진다. 이것의 위험성은 발언자가 조직 내 부정적 낙인의 대상이 되기 쉽다는 데 있다.

낙인이론(Labeling Theory)에 따르면, 한 번 낙인이 찍히면 그 개인은 비협조적, 부적응적인 사람으로 분류되어 공식, 비공식적으로 소외와 불이익을 받는다. 또한 사회정체성 이론(Social Identity Theory)에 따르면, 낙인이 개인을 '우리'에서 '그들'로 분리해 집단의 규범과 정체성에서 벗어난 이탈자로 규정한다고 본다. 이는 구성원들이 내부고발자(whistleblower)를 향해 '조직을 배신한 사람'이라는 프레이밍을 정당화함으로써 차별과 배제를 강화하는 것과 같다.

이러한 금기는 세대 간에도 널리 존재한다. X세대의 "라떼는 말이야", "회식도 일의 일부" 같은 표현은 MZ세대에게 꼰대의 상징으로 낙인찍히는 금기어가 된다. 반대로 MZ세대의 "이건 제 일이 아닌데요", "회식은 사생활 침해다."라는 말은 X세대에게 책임 회피로 간주되어 부정적 평가를 부른다. 세대별 금기어는 경험과 가치관의 차이에서 비롯되지만, 결과적으로 상호 낙인을 강화해 세대 갈등을 심화시킨다.

문제는 금기가 지나치게 많거나 강력하게 작동할 때다. 조직은 폐쇄적·방어적 문화로 흐르며 다양성과 혁신이 가로막힌다. 상사의 실수나 조직의 실패를 지적할 수 없다면 학습과 개선은 일어나지 않는다.

따라서 이견과 문제 제기를 수용하는 태도가 필요하다. 발언자를 '사람'으로 판단하기보다 '행위'로 평가해야 한다. 잘못된 지적이나 표현은 행위의 문제이지 그 사람 전체의 문제가 아니다. 이를 구분하지 못하면 조직은 금기의 함정에 빠져 개방성과 다양성을 잃는다.

결국 조직문화의 성숙도는 금기어를 다루는 방식에 달려 있다. 너무 많은 영역을 금기에 가두면 조직은 침묵이 지배하고, 다른 해석과 토론의 여지를 허용하면 변화와 혁신이 싹튼다. 조직의 힘은 구성원이 자유롭게 말할 수 있는 분위기에서 나온다. 금기는 피해야 할 최소한의 신호일 뿐, 오랜 기간 절대시하는 영역이 되어서는 안 된다. 문제를 말할 수 없는 조직은 결국 그 문제 때문에 스스로 발전에 제동을 걸게 된다.

04.

공식을 넘는 뒷문 효과
(Backdoor Effect)

조직에서 새로운 제안이나 주장이 채택·합의되는 과정에는 두 개의 문이 존재한다. 하나는 누구에게나 열려 있는 공식적 정문, 다른 하나는 소수만 아는 비공식적 뒷문이다. 뒷문은 개인적 관계·네트워크·암묵적 합의를 통해 일이 처리되거나 결정되는 비공식 통로를 의미한다. 겉으로 드러나지 않지만 실제로 영향력을 발휘하는 주요 통로로 활용된다. 비공식 경로를 활용했을 때, 의사결정·승인·문제 해결이 더 빠르게 이루어진다. 이러한 현상을 뒷문 효과(Backdoor Effect)라 부른다.

뒷문은 흔히 비선·정치적 거래 같은 부정적 이미지와 현실적 필요성이라는 양면을 지닌다. 공식적·명문화된 규정은 대체로 과거 기준을 반영하고, 결재·관리·예산·감사에 필요한 최소 범위에 머무른다.

그러나 현실은 규정보다 더 새롭고 급박한 경우가 많아 기존 절차만으로는 해결이 어려울 때가 많다. 이때 문제 해결의 효율성을 추구하는 압력이 우회 통로를 만든다.

문제 상황에서 공식 절차만 고집하는 조직보다 비공식 네트워크를 활용하는 조직의 문제 해결 속도가 30~40% 빨랐다고 한다(Krackhardt & Hanson, 1993). 즉, 뒷문은 문제 해결에 신속성과 유연성을 제공하는 순기능이 있다. 어떤 경우 정문과 뒷문의 균형은 선택이 아니라 생존의 문제가 되기도 한다.

문제는 뒷문이 현실적 필요성을 넘어 일상의 비공식적인 관행으로 굳어질 때 발생한다. 이에 대해 OECD(2007) 보고서에서 비공식 관행이 반복되면 제도화되어, 기존 규정을 무력화하는 그림자 제도로 자리 잡는다고 지적했다. 한 번은 임시방편일 수 있지만 반복되면 정문보다 더 큰 우회 통로가 되어, 공식 규정을 따르는 사람을 눈치 없고 융통성 없는 사람으로 만들기도 한다. 특히 우회 통로가 채용·인사 등 핵심 규정에 영향을 미치면 사내 '비공식 라인'이 형성돼 조직의 핵심 가치를 뒤흔든다.

또한 뒷문은 문제 발생 시 개인들에게 책임 부재와 회피라는 중대한 위험을 초래한다. 공식 절차를 거치지 않은 만큼 책임 소재가 모호해지기 쉽다. 공식 경로에서는 직위·역할에 따라 책임이 배분되지만, 비공식 결정은 책임 해석과 범위가 엇갈릴 수밖에 없다. 이에 대해 번즈(Burns, 1978)는 비공식 의사결정이 공식 경로를 벗어나는 순간 조직의 책임성이 사라지는 무책임성의 딜레마를 지적했다. 대개 이런 경우 최종 책임은 약자에게 전가되곤 한다. 일을 회복시키는 책임이 아니라 인적 책임으로 귀결되어 사람이 다치는 문제로 상처를 남긴다. 성과 앞에서는 '기여'를 말하지만, 책임 앞에서는 '억울함'을 호소한다.

　세상에 뒷문 없는 조직은 없다. 뒷문은 어느 정도 필요하고 구성원들이 인정하는 공공연한 비밀이다. 경직된 기준과 절차를 보완하는 유연성과 문제 해결 효과가 그 이유다. 다만 그것이 구성원들에게 설명 가능하고, 관행적·보완적 수준에서 허용되어야 한다. 단기적으로 뒷문은 속도를 보장하지만, 장기적으로는 공정성과 제도의 권위를 무너뜨리기 때문이다. 특히 채용·인사·보상처럼 민감한 영역에는 공공연한 비밀의 여지가 있어서는 절대 안 된다. 또한 개인적으로 모든 사안에 뒷문을 우선하는 태도나, 이를 자랑삼아 공개적으로 발언하는 태도는 매우 위험하다. 특히 신입·저연차 구성원에게 이런 행위는 정치적인 것으로 인식돼 더욱 위험한 행동이 된다. 잘못된 뒷문 관행 하나가 거대한 조직을 무너뜨리는 균열의 시작이 될 수 있음을 잊지 말아야 한다.

05.

조직이
실수를 대하는 방법

몇 년 전 국내 대기업 고위 임원 대상 리더십 특강에서 강사가 이런 질문을 했다. "임원인 여러분은 조직에 어느 정도의 피해를 끼쳤을 때 사표를 내야 한다고 생각합니까?" 잠시 침묵 끝에 20~25억원 정도로 다수의 의견이 모아졌다. 이 금액은 당시 임원들의 담당 사업부 평균 매출의 약 5% 내외, 임원 연봉의 7~8배 수준이었다. 이 집단적 판단은 그 조직이 사실상 인정하는 '실수의 한계치', '책임의 경계'를 드러낸다. 사회는 대체로 실수와 실패에 보수적이지만, 허용 가능한 범위는 각 조직의 가치와 문화에 따라 달라진다.

특히 조직사회에서 실패의 공개는 개인의 명성과 포지션에 치명적일 수 있다. 그래서 리더의 실패는 종종 드러나지 않고 금기시되곤 한다. 이는 실패를 도전과 시행착오가 아닌 사람의 문제로 해석하는 인식에서 비롯된다.

에이미 에드먼슨은 《옳은 실패》에서 올바른 실수의 조건으로 4가지를 제시했다. 첫째, 개선과 배움의 의도가 분명해야 한다. 둘째, 충분한 준비와 책임성이 전제되어야 성공 가능성을 높일 수 있다. 셋째, 실패의 결과는 감당가능한 범위여야 하며, 외부 이해관계자와 사회적 책임에 치명적 피해를 주어서는 안 된다. 넷째, 원인을 분석해 학습으로 전환해야 한다. 무엇이 잘못됐는지, 이 결과를 어떻게 받아들일지, 재발 방지를 위해 어떤 조치를 해야하는지 까지 다뤄야 한다. 이 중 핵심은 네 번째, 학습으로의 전환이다.

어린아이가 뜨거운 용기에 한번 데이고 나면 평생 뜨거운 것에 대해 어떻게 다루어야 하는지를 배운다. 가장 강력한 학습효과는 실수나 실패로부터의 배움이다. 대부분의 성공한 서비스와 제품도 시행착오의 과정을 거쳐 성공에 올라섰다. 대표적인 사례가 영국 다이슨 사의 청소기 개발이다. 다이슨 청소기는 총 5년 간 5,127개 프로토타입을 만들고서야 목표한 성능에 도달했다고 한다. 즉 5,126번의 시행착오를 거쳐 5,127번째 성공한 것이다. 실패를 인정하지 않을 때, 혹은 숨길 때, 그것이 진짜 실패다.

누구나 새로운 환경에서 실수를 할 수 있다. 이직자와 신입사원에게 초기 실수는 통과의례에 가깝다. 문제는 실수 그 자체가 아니라 인정하지 않는 태도에 있다. 해야 할 일을 시도하다가 생긴 책임보다, 하지 않아 생기는 책임이 장기적으로 성장에 더 부정적이다. 조직이 실패를 금기로 묶으면 사람들은 위험 회피에 몰두하고, 학습과 성장은 멈춘다.

실수나 실패를 조직의 학습과 자원으로 전환하기 위해서 리더의 역할은 기준과 한계치를 명확히 규정하고, 그 안에서의 실험을 제도적으로 보호하는 것이다. 시행착오에 대해 감수할 수 있는 조직은 실패를 데이터로 전환하고, 사람을 낙인이 아니라 역량으로 평가한다. 실수를 허용하는 것이 아니라, 옳은 실패를 인정하고 감수하는 것이다. 결국 조직의 발전과 성숙은 실수를 처리하는 방식에서 여실히 드러난다. 실패에 대해 공개적으로 말할 수 있고, 이로부터 배울 수 있으며, 다시 시도할 수 있을 때 비로소 새로운 시도와 도전이 멈추지 않는다.

06.

전 그저
시키는 대로 했을 뿐인데…

중견 건설사 자재 관리부의 김 대리는 직속 상사의 지시로 대표이사 집 수리에 회사 자재를 불법으로 반출했다. 이런 일은 과거 전임자 시절부터 이어진 공공연한 회사 관행이었고, 마침 연말 승진 심사를 앞두고 있어 상사의 지시를 면전에서 거절하기도 어려웠다. 그런데 그해 연말 회사가 납품 비리로 고발되면서 김 대리의 불법 자재 반출 건이 개인 횡령으로 지목되었고, 법적 처벌 위기에 놓였다. 이 사건은 다음 날 인터넷 신문에 「중견기업의 몰락… 직원의 횡령 등 비리 종합 세트」라는 제목으로 보도돼 빠르게 확산됐다. 진실을 얘기할 경우 회사의 존폐까지 흔들릴 수 있는 상황에서, 그는 과거 관행이나 윗선의 지시를 말할 수 없어 억울할 따름이다.

지시한 윗선과 부장의 책임 회피는 어느 정도 예상했다. 그러나 김 대리를 더욱 힘들게 한 것은, 회사의 관행과 자신의 상황을 잘 알던 팀 동료들의 침묵이었다. 그 침묵은 '더 이상의 피해 확산을 막기 위한 불가피한 선택'이라는 명분 뒤에 책임 선 긋기의 다름 아니었다. 모든 책임과 희생은 김 대리에게 향했고, 그 순간 집에서 이 뉴스를 보고 있을 아내와 딸의 얼굴이 떠올랐다.

기업 범죄의 특성으로 구조적 공범성(structural complicity)을 들 수 있다. 구조적 공범성이란 기업 구성원들이 직접 불법행위를 하지 않더라도 조직의 관행·문화·지시 체계 속에서 부정이나 범죄가 지속되도록 묵인하거나 동조하는 구조적 연루 상태를 말한다. 즉, 개인의 고의가 아니라 조직 구조가 만들어 낸 공범 관계로, 침묵·순응·관행적 복종을 통해 범죄가 유지되는 특징을 말한다.

기업 범죄와 윤리 문제를 구조적 공범성 관점에서 보면, 세 가지 요인이 특히 크다.

첫째, 위계적 압력이다. 최고경영진의 의중을 등에 업은 직속 상사의 지시는 면전에서 거부하기 어렵다. "왜 너만 그러냐", "승진할 생각 없느냐" 같은 말 앞에서 흔들리기 쉽다.

둘째, 성과 중심 문화다. 당장의 목표 달성을 위해 공식적인 절차와 소비자 윤리 문제에 침묵하거나 책임을 떠넘기는 일이 반복된다. 눈앞의 성과 앞에서 "잠깐 멈춰 다시 한번 생각해 보자"는 제안은 이런 분위기에서 받아들여지기 어렵다.

셋째, 강한 집단 규범이다. 집단의 동조 압력은 윤리적 문제 제기나 내부고발을 억제한다. 오히려 '우리'라는 규범은 위기 국면에서 더 강해지고, 사회적, 윤리적 주장은 배신으로 낙인찍힌다. 일이 터진 뒤 "이게 죄가 되는지 몰랐다"는 주장은 뒤늦은 변명일 뿐이다.

이런 위계적 구조 속에서 개인의 윤리 판단을 돕는 간명한 기준이 신문 1면 테스트(Newspaper Test)다. 워런 버핏(W. E. Buffett)이 언급한 원칙으로, "내가 한 행동이 내일 신문 1면에 실려도 부끄럽지 않을 것인가?"를 스스로에게 묻는 것이다. 이는 구조적 공범성의 압력 앞에서 윤리적 자기 점검을 촉진하기 위한 질문이다. 행동에 앞서 '내 행동이 내일 신문 1면에 공개되어도 가까운 가족, 동료, 친구 앞에서 당당할 수 있는가?', '내가 한 행동이 법과 사회적 윤리 기준에 어긋나지 않는가?', '나의 행동이 조직의 명예와 신뢰를 훼손하지 않는가?' 등에 대해 스스로에게 물어야 한다.

김 대리가 상사의 지시를 받던 순간, 이 한 문장만 자기 자신에게 물었다면 회사 자산 '횡령범'과는 한 걸음 거리를 둘 수 있었을지 모른다. 조직은 관행을 이유로 개인에게 책임을 전가하기 쉽다. 개인은 원칙적으로 조직의 범죄로부터 자신을 보호해야 한다. 이때 요구되는 윤리는 거창한 선언이 아니라 매 순간에 윤리적 점검과 용기다. 침묵과 동조의 딜레마 앞에서 '신문 1면 테스트'는 가장 간결하면서도 강력한 윤리적 질문이 된다.

07.

조직도를
읽는 법

　새해가 되면 기업은 조직개편과 인사를 단행하고 새로운 조직도를 발표한다. 조직도는 표면적으로 소속, 기능, 구성원의 직위와 역할, 연락처를 담고 있지만, 그 이면에는 조직 내 권력 변화와 전략 방향을 드러내는 일종의 조직 '인지 지도'와 같다.

　이에 대해 미국의 경영학자 바너드(Barnard, 1938)는 "조직도는 비공식 구조와 공식 구조의 혼합 속에서 권위를 공식화하는 장치"라고 했다. 조직도상의 위치는 단순한 직위 호칭이 아니라 공식적 권위와 역할 책임을 부여한다는 뜻이다. 또한 민츠버그(Mintzberg, 1973)는 "조직 구조는 전략과 정치의 반영"이라고 말했다. 여기서 정치의 반영이란, 조직도가 보여 주는 공식 표상과 실제 권력 구조가 다를 수 있음을 뜻한다. 즉 조직도에는 공식성과 비공식성이 동시에 포함되어 있다는 것이다. 같은 직급이라도 실제 권한과 차기 승진 가능성에는 차이가 있고, 어떤 자리들은 소위 '요직'으로 기능한다. 변화된 직위가 앞날이 보장된 고속도로에 진입했는지, 구불구불한 국도로 진입했는지는 인사와 조직도 곳곳에 스며 있다.

경영진에게 조직도는 전략의 중심점을 어디에 둘지, 그리고 균형점을 어떻게 맞출지를 보여준다. 핵심 전략 기능의 배치와 신사업 조직의 위치는 단순한 편제를 넘어 미래 전략의 중심 방향을 알리는 신호다. 이에 비해 구성원들의 관심은 다소 다르다. 누가 승진했고 누가 밀려났는지, 내 팀이 어디로 편제되었는지에 초점이 맞춰진다. 자연스레 "누가 힘이 세졌는가?", "어느 부서가 더 힘들어질까?" 같은 해석이 뒤따른다. 팀의 위치와 명칭 변화는 앞으로 어느 팀과 어떻게 일할지, 평가 기준과 협업 범위, 팀의 영향력이 어떻게 달라질지에 대한 변동을 동반한다는 점에서 중요하다.

결국 조직도의 변화는 곧 조직 전략의 변화다. 구조가 전략을 담고, 전략은 구조를 바꾼다. 시계열적으로 조직도 변화를 읽으면 사내 권력의 변동과 전략의 궤적이 보인다. 조직도 개편 뒤 보고와 지시 라인이 바뀌면 보고 대상과 협업 방향도 달라진다. 그래서 조직도 발표 이후에는 항상 해석과 뒷말이 따라붙는다. 누군가는 변화를 긍정적으로 내면화하고, 누군가는 정치적 관점에서 읽는다.

중요한 점은, 조직도가 단순한 직책과 선의 도표가 아니라 구성원이 자신의 역할과 정체성을 재정립하는 인식의 기회라는 것이다. 조직도를 읽는다는 것은 조직구조를 파악하는 데서 멈추지 않는다. 현재의 평가 체계와 미래 전략의 방향성을 함께 살피며, 그 안에서 자신의 위치와 경력 경로를 그려보는 일이다. 나와 연결된 조직도 상의 한 줄의 변화가 내 미래의 나침반이 된다. 바뀐 지도를 이해해야 행군의 방향을 정할 수 있다.

08.

조직의 쇼잉
(Showing)

　조직 안에서 종종 최고경영진의 '쇼잉(showing)'을 목격한다. 대외적으로는 상생과 공익을 외치면서, 내부적으로는 협력업체에 추가 원가 절감을 요구한다. 고객지향 서비스 혁신을 선언하면서 정작 관련 부서의 역할과 인원을 축소하는 경우도 있다. 구성원들은 이런 대외 메시지와 내부 행동의 불일치를 '쇼잉'으로 받아들이고, 과거 관행을 참고해 알아서 태세를 정비한다. 문제는 이러한 의도적 불일치가 점점 더 일상화되고, 그 결과 조직 내부에서 경영진의 진정성에 대한 의구심이 커진다는 점이다.

　왜 이런 일이 벌어질까. 경험 많은 직원들은 이를 정치적 전술이나 기회주의로 치부한다. 물론 거짓말은 단발성으로 끝나고, 상대가 모를 때만 효과가 있다. 그러나 이 현상이 많은 조직에서 광범위하고 상시적으로 발생한다면, 단순한 '언행일치'의 결여만으로 설명되지 않는다.

스웨덴의 경영학자 닐스 브룬손(Nils Brunsson)은 이를 '위선 조직 (hypocrisy organization)'이란 개념으로 설명했다. 여기서 위선이란 말 (talk)-의사결정 (decisions)-행동(actions)이 일치하지 않는 상태다. 현대 조직은 불확실성이 높은 환경에서 외부 이해관계자와 내부 구성원의 상충 요구를 동시에 충족하기 위해, 불가피하고 의도적으로 위선적 행위를 택한다고 한다. 겉으로 보기엔 위선이지만, 본질적으로는 조직의 생존을 위한 전략적 선택이라는 해석이다.

과거의 안정적 환경에서 조직은 효율성을 우선시했다. 문제를 명확하게 정의하고 자원과 노력을 집중해 최적해를 찾으면 됐다. 그러나 오늘날 글로벌 경쟁, 기술 혁신, 산업 융복합으로 환경의 불확실성과 유동성이 높아졌다. 조직이 어제의 약속을 그대로 지키는 것이 현실에서는 더 큰 리스크가 될 수 있다. 위선은 말과 행동의 간극 속에는 유동적 환경 변화에 대응하기 위한 탐색(exploration) 전략이 숨어 있다. 이 때문에 말-의사결정-행동의 역할을 분리 혹은 불일치하는 정치적 조정이 불가피해지는 것이다. 이런 맥락에서 위선은 단기적 기만이 아니라, 장기적 생존 가능성을 높이는 나름의 합리적 전략이라는 것이다.

그렇다면 전략적 위선의 효과는 무엇일까. 브룬손은 현대 조직이 단지 문제 해결에 그치지 않고, 문제를 재정의하고(문제창출) 논쟁과 아이디어의 원천으로 삼을 때 복잡성과 불확실성을 돌파할 수 있다고 본다. 즉 문제 해결 역량 + 문제 창출 역량의 결합이 필요하다고 주장한다. 말은 방향(方向)과 정당성을 확보하고, 결정은 선택지를 열어두며, 행동은 국지적 실험과 조정을 수행하는 식의 상황에 따른 조정 가능성을 열어 두는 것이다.

물론 이에 따른 위험도 있다. 위선이 과도해지면 이해관계자의 냉소와 불신이 쌓이고, 장기적으로 신뢰 기반이 약화된다. 단기 이익을 위한 거짓은 기만일 뿐이다. 다양한 이해관계자의 요구를 동시에 관리하는 관점에서 불일치가 전략이 될 수는 있지만, 핵심은 그 전략이 어떻게 설명되고 어떻게 정당성을 획득하는가에 달려 있다.

따라서 외부 메시지(말)는 방향과 가치를 분명히 하고, 내부 결정은 우선순위와 경계 조건을 설명하며, 실행(행동)은 피드백과 수정 루프를 통해 투명하게 공유되어야 한다.

현대 조직에서 말-의사결정-행동의 완전한 일치는 이상에 가깝다. 중요한 것은 의도, 맥락, 책임에 대한 타당성과 신뢰성이다. 이런 점에서 정당한 의도 없는 불일치는 기만이지만, 맥락을 가진 불일치는 지속가능성 차원의 합리성을 가진다.

09.

역설, 문제를 일으키는 사람이 필요한 시대

불일치와 모순은 조직과 개인에게 긴장을 불러온다. 긴장은 일시적 혼란을 만들고, 혼란은 기존의 가치와 사고를 흔든다. 이러한 혼란은 사람들로 하여금 현상을 새롭게 해석하는 기회를 만들고, 그 과정에서 창의적 대안과 혁신의 기회가 발생한다. 사회학적으로도 긴장과 갈등은 순기능으로 창조적 에너지를 촉발한다고 알려졌다. 스타트업이 대기업보다 혁신적일 수 있는 이유가 여기에 있다. 자본과 인력이 부족한 그들은 사회에 새로 생기는 잠재적 수요-공급의 불일치와 모순, 긴장의 틈에서 문제를 발견하고, 그것을 새로운 정의로 구성해 비즈니스 모델로 시장을 만든다.

최근의 기술 발전과 사회적 환경은 문제를 '정의'하는 능력보다 문제를 새롭게 '프레이밍'(framing)하는 능력을 더 중시한다. AI가 이 변화를 가속화하고 있어서다. AI는 자동화, 의사결정, 기획 및 창작의 여러 영역에서 인간 능력을 빠르게 대체하고 있다. 이미 정의된 문제에 대해서는 데이터 기반 분석과 최적화에서 압도적 효율과 정확성을 보인다. 그렇다면 인간에게 남은 역할은 무엇인가? 문제를 새로 정의하고 창출하는 일, 즉 답을 내는 AI 시대에 질문을 던지는 존재가 되는 일이다.

한국의 MZ세대는 질문하는 세대다. 이들은 과거 세대에서 금기어에 가까웠던 "왜요?"를 자연스럽게 묻는다. "우리가 정말 이 일을 해야 하는가?"라는 근본 질문에서 출발하는 만큼, 사안을 넓고 깊게 바라볼 조건을 갖췄다. 그래서 상명하달식 지시보다는 비대면적인 플랫폼형 협업을 선호한다. 문제 해결 이전에 일의 존재 이유를 탐색하는 이 감각은 문제 창출형 인재의 자질과 맞닿아 있으며, 이러한 역량이 조직과 사회의 자원이 될 때 위기 대응 능력도 높아질 수 있다.

오늘날 '문제를 일으키는 사람'은 더 이상 골칫덩이가 아니다. 오히려 그들은 새로운 문제를 찾아내 정의하고, 모순 속에서 기회를 발견하며, AI가 대신할 수 없는 질문을 발견하는 창조적 주체다. 조직은 문제 해결자뿐 아니라 문제 창출자를 핵심 역량의 관점에서 관리해야 한다. 실제로 실리콘밸리 일부 기업은 채용에서 "당신이 조직에 기여할 수 있다고 말하는 것 중, AI가 대체할 수 없는 것을 증명하라"는 질문을 던진다고 한다. 문제 해결은 점점 더 AI의 몫이 되고, 문제 창출만이 인간의 몫으로 남는다.

10.

나는 세상과
얼마나 멀어져 있나?

브랜드 콘셉트를 논의하던 한 중견 어학교육 회사 대표의 경험담이다. 대표는 새로운 타깃 고객을 위한 서브 브랜드를 고민하며, 고객 특성을 고려해 콘셉트를 세 가지로 정리해 사내 디자인팀과 미팅을 했다. 약 두 시간 동안 배경·진행 상황·원하는 아웃풋 이미지를 상세히 설명하고 로고 제작을 요청했다.

2주 뒤 받아 본 로고 9개는 그의 기대와 차이가 많았다. 대표는 자신의 콘셉트와 비교하기 쉬운 3개를 골라 차이점을 1시간 넘게 설명하며 재작업을 의뢰했다. 그러나 1주 뒤 도착한 결과물은 형식적 요구만 반영되었을 뿐, 핵심 콘셉트와의 간극은 여전했다.

대표는 결국 AI 이미지 생성 튜토리얼 몇 개를 보고 직접 시도했다. 간단한 프롬프트로 콘셉트를 입력하자 몇 분 만에 100여 개의 이미지가 생성됐다. 대부분 약간의 보정만으로도 충분히 사용할 수 있을 만큼 완성도가 높았다. 그는 이 가운데 3개를 골라 디자인팀에 보완사항을 전달해 마무리 지었다. 이 일은 세 시간에 걸친 대표의 설명을 이해하지 못하던 직원들과 달리, 즉시 맥락을 포착해 이미지를 생성한 AI를 보며 "앞으로 누구와 일해야 하는가"를 심각하게 고민하게 됐다고 한다.

OECD 국제성인역량조사(2025)에 따르면 한국 성인의 문해력·수리력은 평균 수준이지만 ICT 기반 문제 해결 능력은 하위권이다. 더 심각한 점은 연령 증가에 따른 역량 하락 속도다. 다수의 OECD 국가가 30대 중반 이후 완만한 하락 곡선을 그리는 반면, 한국은 20대 중후반에 정점을 찍고 이후 가파르게 하락한다. 또한 학력은 높지만 직무 현장에서 활용 가능한 역량은 낮고, 학습 효율성도 떨어진다는 지적이 이어진다. 주당 학습 시간은 상위권이지만 성취도는 하위권이라는, 전형적인 비효율 학습 구조를 보였다.

앞선 사례는 브랜드 콘셉트의 '개념화 역량' 부족을 여실히 보여 준다. 20~30대는 디지털 활용에는 능숙하지만 전략적 사고와 개념화 역량이 취약하고, 반대로 40~50대는 풍부한 경험과 관계 자산을 지녔지만 디지털 전환 수용력이 약한 것이 현실이다. 이 세대별 단층 위에서, AI는 이미 정의된 문제에 대해 압도적인 효율과 정확성을 보여 준다. 그렇다면 인간이 남은 영역은 무엇인가? 바로 문제를 정의하고 재구성하는 능력, 즉 개념화와 비판적 사고다. 아이러니하게도 한국 성인 직장인 현재 역량 구조는 이 핵심 영역에서 가장 취약하다. 그래서 우리는 AI 시대에 "나는 세상과 얼마나 멀어져 있나?"라는 질문 앞에서 근본적 불안을 느낀다.

변화에 대응한다는 것은 단지 새로운 도구를 배우는 일이 아니다. 자기 눈으로 세상과 변화를 해석하고, 좋은 질문을 만들어 내는 힘을 기르는 것이다. AI가 답을 내는 시대에, 인간은 질문을 던지는 존재가 되어야 한다.

우리 앞에 놓인 과제는 "AI가 우리를 대체할까?"가 아니다. "우리 스스로 자신을 대체할 힘을 잃어가고 있지 않은가?"가 하는 구체적 질문과 스스로에 대한 답변이다.

11.

트렌드
난독증

30대 어느 날 사무실 회의 탁자 위에 놓인 신문을 살펴보던 중 내가 신문 내용을 제대로 이해 못하고 있다는 자각을 '문득' 하게 되었다.

내가 살펴본 주요 신문의 내용들은 경제, 사회 현상에 대한 분석 기사와 오피니언 리더들의 칼럼이었다. 기사의 내용은 논리와 체계가 잘 잡혀있고 글쓴이의 주장도 합리적으로 제시되어 있어 보였다. 이런 내용이 전문가의 칼럼이라면 사회적으로 의미가 있고 그렇다면 나 혹은 나의 삶에 분명 '어디' 혹은 '무엇'과 연결되어 있다고 생각되어야 할 텐데 그것이 없었다.

"이 나에 벌써 난독증이라니" 순간 세상이 흔들리는 듯했다. 정확히는 세상을 바라보는 내가 흔들렸다.

이 문제에 대한 첫 번째 질문은 '무엇'이었다. 내가 알고 모르는 게 무엇인지를 구분해 아는 것이 필요했고 알고 모르는 것의 경계를 찾아야 했다. '내가 무엇을 모르는지'에 대해 파악하기 위해 한 달 정도 신문을 챙겨 보면서 나름의 분석을 시도했다. 당시 대략 기준 삼아 본 것이 외부 필진의 전문성과 글의 주제, 주장을 중심으로 배경, 핵심 개념, 제시된 사례 출처, 주장을 중심으로 파악해 봤다.

당시 자신에 대해 발견한 것은 경제, 경영학, 사회학, 심리학 등 삶의 현실 세계에 대해 놀랄 정도로 아는 게 없었다는 점이다. 심지어 회사 보고서나 대화 중에 내가 사용하는 말과 개념조차도 제대로 알고 있던 것과 다르기 조차했다. 이때 나 자신에게 내린 진단은 세상의 변화와 삶에 대해 무지한 '트렌드 난독증'이라는 비교적 증상에 잘 부합하는 자가 진단을 내리게 되었다.

그다음 고민은 '어떻게'로 옮겨 갔다. 이미 대학원은 마쳤고 그 경험으로 비추어 보아 전공을 중심으로 한 정규 교육으로는 이러한 문제 해결에 한계가 있다는 것도 알고 있었다. 요즘 경우로 치면 학부의 자율전공이나 융합대학원 정도의 환경에서 시도해 볼 만한 것들이었다. 이건 당시 나의 상황에 비추어 문제해결의 출발점으로 맞지 않았다. 차선의 대안으로 확신하지 못했지만 입구의 실마리라도 찾아보자는 생각에 관련 내용 중심으로 독서를 시도해 보기로 했다.

약 두 달 정도 연락 가능한 주위 사람들에게 배경과 이유를 설명하고 책 추천 도움을 청했다. 또한 퇴근 후와 주말을 이용해 도서관과 교보문고를 찾아다니며 관련 도서 목록들을 정리했다. 우선 사회학, 심리학, 경영경제 등 몇 가지 분야를 중심으로 대학 교재 수준의 개론서와 그 내용 속에 큰 제목으로 구성된 세부 분과 내용을 대표할 만한 대중서를 포함해 100권의 목록을 만들었다. 책들이 대체적으로 300~500페이지 정도의 양으로 내용의 무게가 만만치 않았다. 시간 계획을 세워보니 내가 활용할 수 있는 최대치를 기준으로 2년 정도 필요할 듯했다. 그래서 목표를 1주에 한 권의 책을 완독하는 것을 목표로 정했다.

또한 읽는 순서도 중요해 보였다. 어떤 분야는 최근의 이슈가 되었던 대중서를 먼저 보고 개론서나 심층 도서를 보는 것이 도움이 되었고 그 반대의 경우도 있었다. 독서는 기본적으로 혼자 하는 공부라 중도 포기하지 않기 위해서는 의미에 대한 즐거움을 찾아야 했다. 생소한 분야에 대해서는 인터넷을 통해 그 책의 추천평이나 전문가의 평론 등을 먼저 찾아서 보곤 했다. 그 책의 내용이 전제하고 있는 어떤 배경과 기준을 알고 나면 어떤 것을 염두에 두고 읽어야 할지 방향을 잡는데 도움이 되었다. 가급적이면 빨리 읽고자 했다. 꼼꼼한 정독보다는 여러 번 읽는 독서가 내겐 맞는 듯했다. 다행해 '트렌드 난독증'에 대한 충격이 큰 동기로 작용해 중간에 멈추지 않고 1주 1권의 독서를 이어갔다. 하지만 읽은 책이 쌓여 감에도 내용 기억과 이해는 희미했고 어떤 것과 연결해 생각해 보아야 할지에 대해 쉽지 않았다.

독서가 70권째 이르렀을 때 쯤이었다. 그동안 읽었던 책들이 어느 순간 서로 연결되고 있다는 느낌이 들었다. 책에서 어떤 하나의 사례나 개념을 만나면 이전에 읽거나 메모했던 여러 개와 연결이 일어나 생각이 많아지면서 오히려 독서에 방해가 될 정도였다. 입력에서 산

출로 바뀌기 시작한 것이다. 그다음부터 독서는 시간 가는 줄, 도서 구입비로 얼마를 쓰는지 모를 정도로 2년을 몰입하게 되었다.

이때 2년의 경험이 단초가 되어 조직행동과 리더십을 전공으로 학위를 하게 되었고, 내가 하는 일에 내용적으로 깊이 있게 도움이 되기도 했다. 30대에 우연히 마주쳤던 '트렌드 난독증'이라는 심각한 자각이 불러온 변화는 내 삶을 새롭게 구성하는 기회가 되었다. 그때 이후 변화의 자각을 일깨웠던 "내가 세상과 얼마나 떨어져 있을까?' 하는 질문을 가끔 스스로에게 던져보곤 한다.

3부 상사란
누구인가?

첫 상사는 단순한 직속 상급자가 아니라, 신입사원의 조직사회화 과정 전반에 지대한 영향을 미치는 존재다. 조직사회에 입문하는 신입에게 첫 상사는 조직을 해석하는 첫 프레임이자 사회화의 길잡이다. 이 시기 상사의 말과 행동은 신입이 조직문화를 학습하고 일의 의미를 해석하는 기준이 된다.

많은 이들이 첫 상사에 대해 양가적인 기억을 가지고 있다. 엄격하고 서운했던 말과 행동은 시간이 지나 이해로 바뀌고, 실수 앞에서 보여준 넉넉한 배려는 훗날 자신이 누군가의 상사가 되었을 때 행동의 반면교사가 된다. 이에 대해 "실수 앞에서 넉넉했던 상사의 태도가 힘든 긴장 속에서도 버틸 수 있었던 심리적 안전판의 역할을 했다"라고 회고한다. 이처럼 첫 상사의 역할은 구성원의 성장 차원을 넘어, 신입의 조직사회화 속도와 질을 결정짓는 핵심 요인이다.

따라서 상사는 자신이 누군가의 '첫 상사'가 될 수 있다는 사실을 인식해야 한다. 신입에게 첫 상사는 단순한 상급자가 아니라, 조직의 문화와 역할을 배우는 길잡이자 인생의 오랜 기억으로 남는 존재다. 신입은 상사에 대해 팀을 대표하고 팀의 목표와 성과를 책임지는 사람이라는 인식하에 그의 목표와 성과에 적극적인 팔로워의 태도가 요구된다. 나아가 신입사원은 상사의 리더십을 관찰하고 그 의미를 해석하며 관계 속에서 학습하는 능동적 역할이 필요하다.

01.

팀장
프로파일

　대한민국 조직사회에서 가장 힘든 사람을 꼽으라면 아마도 팀장일 것이다.

　그들은 직원도 아니고, 경영진도 아닌 경영 관리 삼각형의 맨 밑변에 위치한 중간관리자다. 직원들의 첫 번째 결재란을 책임지는 동시에, 경영진의 말단 대리인 역할로 살아간다. 이들은 노조 가입 대상에서 제외되기 시작하며, 단순한 구성원이 아닌 경영진으로 분류되기 시작한다. 그러나 실상은 권한은 매우 추상적이고 제한적인 반면, 책임은 명시적이고 구체적이다.

　중견기업 16년 차 김 팀장은 이런 딜레마를 가장 잘 보여준다. 회사와 고객의 요구, 가정의 기대 사이에서 그는 '버티기형 리더'로 살아간다. 실무 감각을 유지하면서도 관리자로서 팀원과 성과를 함께 책임진다. 그는 "막상 팀장이 되고 나니 윗선 눈치 보랴, 팀원 챙기랴, 회의 준비하랴, 내 시간은 없다."라고 고백한다.

갤럽(Gallup, 2015) 조사에 따르면, 팀장의 질은 팀 몰입도 편차의 70%를 설명한다. 또 젠거와 폴크만(Zenger & Folkman, 2002)의 연구는 리더십 역량 상위 10% 리더가 이끄는 팀은 하위 10% 리더의 팀보다 성과가 두 배 높다고 밝혔다. 이러한 결과는 팀장의 역할이 팀 성과에 미치는 영향의 중대성을 보여준다. 문제는 이들이 성과 창출자이면서 동시에 사내 갈등과 충격을 흡수하는 완충 역할까지 떠안고 있다는 점이다.

조직관리의 범위와 절차는 점점 더 촘촘해지고 있다. 과거 월 단위로 하던 보고가 주 단위, 나아가 실시간 데이터로 관리되면서 팀장은 윗선의 관리와 감시에 직접 노출되는 일이 많아졌다. 미처 파악하지 못한 내용을 윗 상사가 먼저 확인하고 대책을 요구하는 순간, 팀장은 뒤통수를 맞은 듯한 충격을 받는다.

팀 내 관계도 녹록지 않다. 후배 세대는 복종과 순응보다 자율과 개성을 중시한다. 따라서 예외적 상황이나 애매한 문제일수록 팀장은 설득과 조정 없이는 일을 진전 시키기 어렵다. 갈등은 항상 잠재되어 있고, 작은 말실수 하나가 '꼰대'라는 낙인이 찍힌다. 심리학 연구에서도 세대 간 가치 차이는 조직 내 정서적 긴장을 확대하고, 리더의 정서적 소진(burnout)을 초래한다고 보고했다.

더 고통스러운 것은 팀 파괴자의 존재다. 단 한 명의 문제적 팀원이 분위기를 깨고 다른 동료들에게 상처를 준다. 그러나 팀장에게는 이들에 대한 실질적인 인사권이 없다. 그저 옆에 두고 팀장의 책임하에 관리할 수밖에 없다. 외부 고객 앞에서도 마찬가지다. 무리한 요구를 참아야 하고, 그를 바라보는 팀원들의 시선을 감내해야 한다.

여기에 40대 중반에 접어든 팀장들은 만성 스트레스와 불규칙한 생활로 성인병, 면역력 저하 등 건강 리스크를 안고 산다. '평생 달고 가는 지병'은 이들의 숙명이 되곤 한다.

무엇보다 팀장은 현재와 미래 앞에서 불안하다. 성과가 나빠지면 1차 책임 추궁 대상이고, 연말 평가 앞에서는 180도니 360도니 하는 다면평가 결과에 불안해한다. 특별한 실수가 없어도 스타일이나 평판 때문에 보직에서 밀려날 수 있다. 회사는 중요한 기회를 줬다고 생각하기에 한 번 낙인찍히면 관리자로서의 재기 가능성은 희박하다. 새로운 기술과 정보 역량에서는 후배들에게 밀리고, 다른 회사로 이직해 성과를 인정받기도 어렵다. 결국 50세를 넘어서면 이직 기회조차 닫히고, "끝까지 이 회사에 버텨야 한다"는 생각만 남는다.

그렇다고 팀장이 원하는 것이 거창한 것도 아니다. 좋은 팀이란, 그의 말처럼 "좋은 동료 관계와 분위기를 느낄 수 있는 팀"이다. 지시만으로 움직이는 팀이 아니라, 상황에 따라 협업과 조정이 자발적으로 이루어지는 팀. 명확한 목표 아래 서로 빈자리를 메우고 지원하며 업무의 흐름을 유지하는 팀이다. 팀장이 그런 팀에서 '첫 번째 동료'로 인정받는 것, 그것이 진짜 바람이다.

오늘도 대한민국의 팀장들은 조직의 충격을 흡수하는 범퍼로, 조직의 허리로, 그리고 동료이자 리더로 하루를 버틴다. 이것이 현재 조직사회에서 팀장들의 현실을 압축한 표현이다. 대한민국의 팀장들은 오늘도 양쪽에서 밀려드는 압력을 견디며, 그들의 균형 위에서 조직을 버티게 하고 있다.

02.

상사란?

직장 생활에서 가장 부담되는 관계를 꼽으라면 단연 직속 상사일 것이다. 평소에는 격 없는 친구나 선후배였더라도, 그가 자신의 상사가 되는 순간 보이지 않는 벽이 생긴다. 이는 상사와 부하의 관계가 본질적으로 구속적 관계이기 때문이다. 여기에서 구속적 관계란 개인의 의지보다 조직의 역할, 권한, 평가 구조가 우선 작동하는 관계를 말한다.

상사는 업무 기회의 제공자이자 성과 평가자이며, 팀과 인간관계의 질서를 좌우하는 존재다. 신입사원 입장에서 보면, 자신의 삶을 직접적으로 통제할 수 있는 권한을 가진 사람을 처음 마주하는 순간이기도 하다.

상사의 영향력은 다섯 가지 차원으로 구분할 수 있다. 첫째, 상사는 조직과 구성원을 매개한다. 보고와 통제, 평판 형성, 인사 평가를 통해 부하의 성과가 상사를 거쳐 조직의 성과로 귀결된다. 이때 상사는 조직의 대리인이다. 둘째, 상사는 공식적 지지와 통제권을 가진다. 조직에서 부여한 지위와 권한을 바탕으로 팀원에 대한 인사권과 직무 통제권을 행사한다. 상사의 지시에서 일이 시작되고, 상사의 결재로 일이 마무리된다. 셋째, 상사는 구성원의 일 참여 기회와 피드백을 제공한다. 조직에서 빛나는 기회와 모두가 꺼려하는 업무를 누구에게 배분할지에 대한 권한이 상사에게 있다. 넷째, 상사는 인정과 동기부여의 원천이다. 상사의 칭찬은 가장 확실한 인정이자 강력한 동기 요인이다. 반면 부정적 평가는 사소한 말 한마디가 평판에 치명적인 영향을 미칠 수 있다. "승진은 여러 사람의 노력이 필요하지만, 배제는 상사의 말 한마디면 충분하다"는 말이 괜히 나온 것이 아니다. 다섯째, 상사는 팀 분위기와 관계 질서의 형성자다. 팀장이 새로 바뀌는 순간, 팀의 정서와 관계의 흐름도 그의 태도와 스타일에 따라 달라진다. 이처럼 상사의 팀원에 대한 영향력은 직무 만족과 이직 의도에 결정적이다. "사람들은 회사를 떠나는 것이 아니라 상사를 떠난다"는 말은 수많은 연구와 현실이 이를 증명한다.

그렇다면 상사와의 관계는 어떻게 맺어야 할까? 부하는 우선 상사의 공식적 직위와 리더 역할을 존중해야 한다. 자신과 팀의 성과가 상사를 매개로 조직에 귀결된다는 사실을 인식하고 팀장의 권한에 대해 인정하고 지원해야 한다. 상사 역시 부하들의 몰입과 성과의 합이 팀과 자신의 성과를 결정짓는다는 점과 자신의 언행이 부하에게 조직 전체의 메시지로 해석된다는 것을 중요하게 인식해야 한다.

상사의 말 한마디는 단순한 지시가 아니라, 조직의 규범과 문화를 전달하는 신호다. 직속 상사는 조직과 나 사이의 다리이자, 기회와 인정, 관계와 평판의 핵심 매개자다. 부하에게는 가장 부담스러운 존재이지만, 동시에 가장 강력한 지원자이기도 하다. 상사는 자신이 곧 조직의 얼굴이라는 자각, 그것이 건강한 조직 문화를 만드는 출발점이다.

03.

팔로워십

최근 기업 경영에서 가장 자주 언급되는 단어가 소통이다. 리더들은 변화하는 환경과 고객의 목소리를 듣기 위해 현장 소통을 강조한다. 현장을 찾아 젊은 직원들과 대화하며, 소통경영이라는 이름의 이벤트를 만든다.

그러나 구성원들은 진정성에 주목한다. 이들은 먼저 리더의 행동을 관찰한다. 그것이 일회성 퍼포먼스인지, 아니면 지속적인 행동인지 판단한다. 리더의 행동에 대한 진정성 평가를 마친 후에야 비로소 참여의 수준을 결정한다. 소통 효과는 리더의 입에서 완성되는 것이 아니라, 팔로워의 수용과 행동에서 완성된다.

리더십 연구에서 상대적으로 주목받지 못했던 개념이 바로 팔로워십(Followership)이다. 대부분의 리더십 연구는 리더를 중심으로 조직 변화와 성과를 설명하는 데 치중해 왔다. 그러나 세상은 리더보다 훨씬 많은 팔로워들로 구성되어 있다. 따라서 리더의 영향력은 팔로워의 존재를 전제로 하며, 그 효과는 팔로워가 어떻게 반응하고 행동하느냐에 따라 달라진다.

팔로워십이란 조직의 목표 달성을 위해 상사의 지시를 수동적으로 따르는 것이 아니라 자신의 역할과 판단을 바탕으로 책임 있게 참여하고 기여하는 태도를 말한다.

리더의 상대 개념인 팔로워는 세 가지 의미로 구분할 수 있다. 첫째는 부하(Subordinate)다. 이는 직속 상사와의 위계적 관계 속에서 지시와 복종의 관계를 의미한다. 여기서 부하는 상사의 지시를 소극적으로 수용하고 수행한다는 의미다.

둘째, 팔로워(Follower)다. 팔로워는 리더를 따르고 돕되, 부하 개념의 비해 행동의 자발성과 능동성이 강조된다. 단순히 지시를 받는 존재가 아니라, 의견을 내고 문제 해결에 참여하는 파트너다. 부하가 위계 기반의 수동적 복종이라면, 팔로워는 자발적 참여자다.

셋째, 청중(Audience)이다. 이는 리더의 말과 행동을 관찰하고, 필요할 때 지지와 반응을 보내는 소프트한 개념이다. SNS에서 팔로워 개념이 여기에 해당한다. 디지털 시대의 구성원들은 리더의 발언과 행동을 사실 확인과 맥락 속에서 검증하고, 그 진정성에 따라 반응한다. 앞의 두 개념과 달리 청중은 이슈를 매개로 자발적 관계를 형성한다. 즉, 이 경우의 리더는 공식성 보다는 청중들의 지지와 인정에 의한 인플루언서에 가깝다.

켈리(Kelley, 1992)는 팔로워십을 비판적 사고 능력과 참여 수준의 두 축으로 구분하고 조직 성과는 능동적이고 비판적으로 사고하는 팔로워가 많을수록 높아진다고 강조했다. 또한 최근 연구에 따르면, 대체로 리더십 효과의 50% 이상이 팔로워의 수용과 몰입 수준에 의한 것으로 설명하고 있다. 즉, 리더의 말과 행동이 아무리 훌륭해도 팔로워가 진정성 있게 수용하지 않으면 그것은 공허한 메아리에 불과하다.

팔로워십은 특히 신입사원과 팀장 사이의 초기 1년 관계에서 중요하다. 신입에게 상사는 곧 조직 자체다. 신입의 역할 수용 과정은 상사의 언행을 기준 삼아 진행된다. 이 과정에서 상사의 피드백은 단순한 업무 지시를 넘어 조직 규범을 전달하는 상징적 메시지가 된다. 신입의 초기 팔로워십 경험이 긍정적으로 자리 잡으면, 조직에 대한 몰입과 학습 속도가 빠르게 높아진다. 반대로 리더로부터의 소외나 불신의 경험은 냉소주의와 퇴사로 이어진다.

오늘날 많은 조직에서 리더 혼자 조직을 이끄는 것은 점점 더 어려워지고 있다. 리더십의 한계를 결정짓는 중요한 요인 중 하나는 바로 팔로워와의 관계다. 리더와 팔로워가 함께 소통하고 성장할 때, 진정한 조직의 변화는 시작된다.

04.

상사와
관계

　조직에서 가장 많은 고민을 안기는 관계는 단연 상사관계다. 직장에서 상사의 말 한마디, 눈빛 하나가 하루의 기분을 좌우한다. 그래서 직장인들에게 '출근은 상사를 만나는 것이고, 퇴근은 상사로부터 벗어나는 일이다'라고 한다.

　왜 상사와의 관계가 이토록 부담스러운가? 그것은 단순히 리더의 성격, 스타일이나 개인적 호불호의 문제가 아니라, 상사와의 구조적이고 구속적인 관계에서 비롯된다.

　리더십 연구에서 상사-부하 관계를 가장 잘 설명해 주는 이론이 거래적 리더십 이론(LMX: Leader-Member Exchange)이다. 거래적 리더십은 리더 개인 특성이나 행동이 아니라, 리더와 각 구성원 사이에 형성되는 '관계의 질'로 설명하는 이론이다. 이는 '누가 리더인가'보다 '리더와 부하 사이에 어떤 관계가 형성되었는가'를 분석 대상으로 한다. 여기에서 상사와 부하가 맺는 관계가 차별적임을 전제로 한다. 관계의 질을 기준으로 호의적인 내집단(In-group)과 그렇지 못한 외집단(Out-group)으로 나눈다. 내집단은 상사의 신뢰와 자원, 기회를 우선적으로 제공받는다. 반면 외집단은 공식적이고 제한적인 관계로 머문다. 이는 상사와의 인간관계가 중요한 정보·기회·지원 등에서 차별적임을 보여준다. 연구에 따르면 관계의 질이 높은 속한 직원은 직무 만족, 성과, 조직 몰입도가 모두 높게 나타난 반면, 반대로 외집단에 속한 구성원은 소외감과 불만을 경험하고, 이직 의도가 높아지는 경향이 있다(Gerstner & Day, 1997).

이 관계의 책임이 상사에게만 있는 것은 아니다. 부하 역시 적극적인 노력이 필요하다. 상사의 요구와 기대에 성실히 대응하고, 불분명한 부분은 피드백을 요청해야 한다. 상사의 업무 스타일과 그가 중시하는 팀 문화를 존중하는 태도는 관계를 긍정적으로 개선하는 촉매가 된다.

상사와의 좋은 관계는 상사의 인격이 아니라, 역할과 관계의 조율에서 비롯된다. 결국 중요한 것은 상사를 사람으로 평가하기보다, 나와의 관계를 어떻게 정의하고 관리할 것인가다. 이런 점에서 만나길 기대하기보다, 좋은 관계를 만들기 위한 노력이 필요하다.

상사의 인정과 지지는 한 사람의 경력에 날개를 달기도 하고, 반대로 부정적인 평가 한마디가 앵커가 되어 평판을 무너뜨리기도 한다.

상사의 인정은 부하에게 가장 강력한 동기부여이자 보호막이 된다. 따라서 상사를 이해하는 관점이 바뀌어야 한다. 상사를 인격으로만 인식하는 태도는 관계를 감정의 영역에 머물게 한다. 대신 상사를 나와 조직을 잇는 역할 매개자로 보고, 관계를 노력의 대상으로 삼는 전략적 태도가 필요하다. 상사와의 관계를 역할로 정의할 때, 불필요한 오해를 줄이고 상호 협력과 신뢰의 가능성을 높일 수 있다.

05.

상사
건너뛰기

 몇 년 전 회사 야유회 점심 자리에서 직원 한 명이 직속 상사가 아닌 타 부서 상사에게 과도한 친밀감을 보인 일이 있었다. 그의 행동은 상사는 물론, 팀 동료들조차 불편함을 느끼게 했다. 이를 지켜보던 상사는 끝내 불편함을 참지 못하고 자리를 먼저 떠났다.

 또 다른 사례로, 한 직원이 경영층에 보고를 마친 자료를 평소 부서장과 친분이 있는 타 부서장에게 직속 상사 승인 없이 전송한 일이 있었다. 어떤 의도가 있었다기보다는 평소 두 사람의 관계를 보고 한 행동이었다. 그러나 사후에 이를 알게 된 상사는 그 직원에게 매우 언짢은 반응을 보였다. 이는 상사와의 관계에서 '직속 상사'의 의미를 간과한 부주의한 행동이었다.

 이 두 가지는 모두 조직 내에서 흔히 말하는 '상사 건너뛰기(skip-level communication)'의 사례다. 상사 건너뛰기(Skip-level communication) 란, 조직의 공식 보고·지시 체계를 따르지 않고 직속 상사를 거치지 않은 채 상위 관리자와 직접 소통하거나 보고하는 행위를 말한다. 일반적으로 위계 구조상 '한 단계 위(직속 상사)'를 생략한 비정상적 소통을 의미한다. 개인 입장에서는 사소한 일처럼 보일 수 있지만, 상사 입장에서는 자신의 존재와 권한에 대한 무시 혹은 모욕으로 받아들여진다.

리더십 관점에서 상사 건너뛰기는 단순한 소통 방식의 문제가 아니라 권위와 신뢰가 조직 안에서 어떻게 작동하는가를 드러내는 지표가 된다. 직속 상사를 건너뛰는 소통이 반복된다면, 이는 개인의 일탈이기보다 중간 리더십과 공식 라인이 제 역할을 하지 못하고 있는 경우일 가능성이 크다. 이러한 행동은 단기적으로 문제를 빠르게 해결하는 지름길처럼 보일 수 있지만, 상시화될 경우 팀장의 판단 권한을 약화시키고 팀 질서를 무너뜨린다. 그 결과 리더십은 체계가 아니라 개인적 연결과 정치적 감각에 의존하게 된다.

그러나 모든 경우에 부정적인 것은 아니다. 윤리·안전 문제나 공식 라인이 차단된 상황에서는 이러한 행동이 조직을 보호하는 안전장치가 될 수 있다. 중요한 것은 허용 여부가 아니라 조건과 기준을 명확히 제시하는 리더의 역할이다. 좋은 리더는 무조건 금지하지도, 방치하지도 않는다. 대신 그것이 예외적 장치로만 작동하도록 규칙을 세우고, 구성원이 우회가 아닌 신뢰 기반의 정공법 소통할 수 있게 만든다.

결재와 보고 라인을 지키는 것은 단순히 형식을 따르는 일이 아니다. 그것은 최종 책임자의 권한과 책임을 보호하는 장치다. 문제가 발생했을 때 가장 먼저 불려 나가는 사람이 상사다. 따라서 상사가 자신이 책임질 팀의 일에 대해 가장 먼저 알고 통제할 수 있도록 하는 것이 팀원으로서 마땅히 해야 할 의무다. '상사가 몰라서 당황하는 상황'을 만드는 것은 상사를 무방비 상태로 내모는 행위다.

일부 연구에서는 고위 경영자가 현장과 직접 소통하는 '스킵 레벨 미팅(skip-level meeting)'이 조직의 숨은 문제를 드러내고 혁신을 촉진한다고 본다(Morrison & Milliken, 2000). 하지만 이는 상향 건너뛰기(upward skip)가 아닌 하향 건너뛰기(downward skip)에 해당한다. 그 경우에도 반드시 소통의 목적을 사전에 공유하고 정당성을 확보한 뒤 진행해야 한다. 공식적 절차 속에서 이뤄지는 건너뛰기는 조직에 도움이 되지만, 비공식적 건너뛰기는 상사와 팀의 신뢰를 무너뜨리는 독약이 된다.

조직 생활에서 상사는 앞으로 나아가기 위한 첫 번째 디딤돌이다. 건너뛰는 순간 개인은 편할 수 있지만, 조직과 팀의 신뢰에 균열이 생긴다. 상사를 존중하는 것은 단순한 예의의 문제가 아니다. 그것은 사람에 대한 배려이자, 조직을 지탱하는 공식적 책임의 절차적 공정성을 지키는 행위다. 팀의 책임자인 상사를 보호하는 일이 곧 팀과 자신을 보호하는 일이기도 하다.

06.

상사를
힘들게 하는 팀원

직장에서 "팀에 한 명쯤은 문제아가 있다"는 말이 있다. 문제 인물은 팀 분위기를 흐리고 동료를 불편하게 만드는 존재다. 그들은 평소 불리한 상황에 대비해 팀장과 동료의 약점을 살피며, 필요하면 인사팀이나 감사팀에 정보를 흘리기도 한다.

대개 이들의 행동은 '강약약강(強弱弱強)'의 태도로 나타난다. 자신보다 약한 후배 직원들을 대상으로 공격적 언행을 보이며, 팀 내 갈등을 키운다. 그들의 이기적이고 불합리한 말과 행동, 괴롭힘, 모욕적 언행은 팀원들의 사기를 꺾고 직장 생활을 견디기 어렵게 만든다.

스탠퍼드대 로버트 서튼(Robert Sutton) 교수는 『또라이 제로 법칙 (The No Asshole Rule)』에서 이러한 문제 인물을 '또라이(asshole)'라고 명명했다. 그는 이들이 얼마나 흔하며, 또 조직에 얼마나 치명적인 해를 끼치는지를 연구를 통해 보여주었다. 서튼은 이들을 공인된 또라이(certified asshole)와 일시적 또라이(temporary asshole)로 구분했다. 그의 주장은 반복적이고 지속적으로 동료를 괴롭히는 공인된 또라이는 반드시 조직 차원에서 통제해야 한다는 것이다. 이는 단순히 팀 내 관계 문제가 아니라, 조직 전체의 생산성과 문화에 직결되는 사안이다. 일시적인 감정 폭발로 주변에 일시적 피해를 주는 사람과 달리, 공인된 또라이는 조직의 창의성과 생산성을 떨어뜨리는 독성 인재(toxic employee)다. 서튼은 "공인된 또라이만 없어도 조직은 훨씬 더 창의적이고 생산적일 수 있다"고 강조했다.

또 다른 연구에서 하우스만과 마이너(Hausman & Minor, 2015)는 '독성 인재' 한 명을 피하는 편익이, 상위 1% 고성과자를 채용하는 편익보다 크다고 밝혔다. 유사 연구에서도 이들이 평균 30~40%의 팀 성과를 감소시킨다고 했다. 결국 한 사람의 부정적 에너지가 팀 전체의 노력을 무너뜨리는 것이다.

이런 상황에서 팀장의 리더십은 종종 시험대에 오른다. 무엇보다 이들은 팀장의 관심 자원(attentional resources)을 독식한다. 고객과 팀원에게 균등하게 돌아가야 할 팀장의 주의(attention)와 에너지가 문제 인물 관리에 소모되며, 이는 팀 몰입도와 성과를 급격히 떨어뜨린다. 특히 '강자에게 약하고 약자에게 강한' 전형적인 독성 인재는 팀의 협력 가치와 규범을 무너뜨리고, 팀장의 리더십을 무력화시킨다.

이때 중요한 원칙이 있다. 이들이 약한 후배를 괴롭히는 '약강(弱强)'의 태도를 보일 때, 팀장은 반드시 '강약(强弱)'으로 대응해야 한다. 즉,

힘들더라도 팀장이 직접 이들을 관리하고, 사소한 일이라도 명확한 역할과 책임을 부여하며, 고참 선배나 본인이 직접 통제하는 것이 유일한 해법이다.

팀의 첫 번째 팀원은 팀장 자신이다. 팀장은 자신의 목표와 과제를 명확히 하고, 문제 인물이 이를 방해하지 못하도록 해야 한다. 팀원들은 팀장이 이런 문제를 어떻게 다루는지 주의 깊게 지켜본다. 문제 인물의 불성실함과 무책임, 그리고 동료나 후배를 향한 폭력적 행동을 방치하면, 팀장의 리더십은 무너지고 제2의 또라이 출현으로 이어지곤 한다. 결국 한 사람의 문제를 외면하지 않고 정면으로 다루는 용기와 행동이 팀 전체를 지키는 길이다.

07.

상사의
그릇

상사는 팀의 문화와 분위기를 결정짓는 첫 번째 요인이자, 구성원들의 심리적 안전감을 지탱하는 그릇과 같다. 상사의 그릇이 크면 함께하는 사람들의 자율성과 안정감도 커진다. 반대로 그릇이 작다면 긴장이 높아지고 예민해져, 말과 행동이 부딪히며 갈등으로 이어진다.

이런 점에서 관리자의 경험과 역량이 중요하지만, 관리자가 갖추어야 할 최소한의 요건을 하나만 꼽자면 동료에 대한 시기심을 잘 관리할 줄 아는 능력이다. 리더의 경쟁심은 긍정적으로 작용할 때 팀 분위기를 고양시키고 구성원의 성장과 발전을 촉진한다. 그러나 시기심은 타인을 끌어내림으로써 자신을 돋보이게 하려는 이기적 감정으로, 팀과 동료에게 위협이 된다.

연구에 따르면 조직 내 시기심은 협력을 해치고 갈등을 조장하며,

장기적으로 성과를 저해하는 독성 감정으로 작용한다(Kim & Glomb, 2014). 시기심이 강한 상사는 팀원을 향해 은근한 폄하, 성과 왜곡, 불공정 대우를 보이기 쉽고, 이는 팀 내 불신과 위축을 초래한다.

실제로 조직에서 있었던 한 사례가 있다. 평소 동료의 노력과 성과를 운으로 깎아내리던 시기심 많은 직원이 팀장이 되었다. 그는 자신의 권력을 이용해 부하들에게 충성과 복종을 강요했고, 이를 부하 평가의 기준으로 삼았다. 지시에 결이 다른 의견을 제시하거나 기대에 못 미치는 직원을 공개석상에서 비난하며 인격적 모욕을 주기도 했다. 이러한 팀장의 행동은 팀 전체를 불안과 긴장 속으로 몰아넣었다. 연말이 되자 팀 구성원들은 인사팀과 노조에 단체 면담과 전환 배치를 요구했고, 그는 1년 만에 한직으로 물러났다.

그의 시기심이 남긴 가장 큰 피해는 동료 간의 불신이었다. 충성과 차별적 관계를 적극 활용한 그의 행동으로 팀의 협력적 분위기는 사라졌고, 서로에 대한 비난과 상처만 남았다. 부하들의 성과의 합이 곧 자신의 성과임을 인식했더라면 이런 최악의 결과는 피할 수 있었을 것이다. "시기심이 이성의 눈을 가린다"는 말이 실감나는 사례였다.

반대로, 부하의 체면을 살려 팀 분위기와 성과를 높인 상사도 있다. 고객의 무리한 요구로 어려움을 겪는 고참 직원을 도울 때, 그는 직접 개입하거나 질책하지 않았다. 대신 후배 직원에게 해당 업무의 중요성과 경험의 필요성을 설득해 자발적 지원을 이끌어 냈다. 이 과정에서 고참 직원의 체면은 지켜졌고, 팀원들은 협력의 가치를 체감하며 보다 도전적인 분위기가 형성되었다. 이러한 리더의 행동은 팀원과 팀을 보호하면서 동시에 도전과 성과에 대한 신뢰 규범을 만들어냈다.

효과적인 리더십을 발휘하기 위해서는 먼저 하지 말아야 할 행동 몇 가지를 명확히 인식하는 것이 필요하다. 훌륭한 리더십에는 많은 노력이 필요하지만, 나쁜 리더십은 몇 가지 잘못된 행동을 제어하는 것으로 충분하다. 대부분의 리더십 실패는 바로 여기에서 비롯된다. 리더십은 사람의 성격이 아니라 행동에 초점을 맞출 때, 실패의 가능성을 줄이고 개선의 가능성을 높인다.

08.

리더십
대체요인

조직은 새로 승진한 관리자들에게 직급에 필요한 관리 역량과 리더십 교육을 실시한다. 이들 교육 내용에는 전략과 성과관리, 리더십, 팀 개발, 대인관계, 커뮤니케이션 등이 공통적으로 포함되는 주제들이다.

그러나 이들이 막상 현장으로 돌아가면, 교육에서 배운 리더십이 그대로 작동하지 않는다는 사실을 금세 깨닫는다. 이는 개인 역량의 문제가 아니다. 현장에는 리더십의 효과를 대체하거나 약화시키는 상황적 요인이 존재하기 때문이다. 이를 학계에서는 리더십 대체요인(Leadership Substitutes) 이라고 부른다(Kerr & Jermier, 1978). 리더십 대체요인이란, 리더의 직접적인 지시나 영향력이 없어도 과업·구조·구성원 특성 때문에 리더십 기능이 약화되거나 불필요해지는 조건을 말

한다.

리더십 대체요인은 크게 세 가지 차원에서 나타난다.

첫째, 부하 요인이다. 팀원이 상사보다 더 높은 전문성과 직무 경험을 가지고 있는 경우, 상사에 대한 의존보다는 자율적으로 일하려는 경향이 강하다. 이때 상사의 통제력과 권위는 부하들의 전문성과 책임감에 의해 제약된다. 전문가 중심 조직, 스타트업, 연구개발 부서 등에서 흔히 볼 수 있는 현상이다.

둘째, 조직문화 요인이다. 구성원의 자율성이 높거나 반대로 조직 규범이 지나치게 강한 조직에서는 중간 리더의 통제력보다 조직 가치와 집단 규범이 더 큰 힘을 발휘한다. 또한 최고경영자(CEO)나 차상위 리더의 영향력이 큰 경우, 그 아래 리더의 발언과 지시는 구성원들에게 상대적으로 덜 중요하게 인식된다.

셋째, 상사 요인이다. 상사 요인이란, 직속 상사의 리더십 기능이 상위 리더의 직접 개입·지시·권위에 의해 대체되거나 약화되는 현상을 말한다. 상위 상사에 의한 리더십 대체는 문제 해결을 앞당길 수는 있지만, 그 대가로 조직은 중간 리더십과 지속 가능한 리더십 구조가 훼손될 위험이 있다. 이 경우 상사는 팀 성과나 문제 해결 과정에서 구조적 역할을 상실하게 된다.

실제 현장에서 이런 대체요인은 신임 리더가 통과의례처럼 겪는 현상이다. 타 부서 출신이거나 직무 경험이 부족한 상사가 부임하면, 팀원들은 "이건 상사보다 내가 더 잘 안다"는 생각을 가지게 된다. 이때 성급한 통제나 지시는 소위 군기 잡는 방식의 사람 통제로 비추어져 반발을 불러올 수 있다. 이러한 갈등이 장기화되면 상사의 권위는 더 빠르게 약화되고, 적응에도 어려움이 생긴다. 반대로 초기 면담, 경청, 사안별 세심한 문제 파악을 중심으로 접근하면 초기 리더십 영향력을 확보하는 데 도움이 된다. 리더는 팀의 현실을 함께 점검하고, 팀원들과 우선순위를 공유하는 과정에서 리더십의 정당성을 확보할 수 있다. 이는 웨익(Weick, 1995)이 센스메이킹 이론에서 말한 바와 같이, 리더의 역할이 '통제자(controller)'가 아니라 '맥락의 해석자(interpreter of context)'로 전환되어야 한다는 주장과도 일치한다. 신임 리더에게 부임 1년의 초기 행동이 부하 관계와 리더십 인정의 시험대가 된다.

오늘날 조직사회에서 MZ세대와 전문가 집단의 비중과 영향력이 커지고 있다. 따라서 리더십 대체요인에 대한 이해와 고려는 점점 더 중요해지고 있다. 이들은 상사나 조직보다 자신의 전문성과 경력, 미래 가치를 더 중시한다. 연구에서도 MZ세대는 상사의 지시보다는 의미 있는 과제와 자율적 의사결정권에서 몰입도가 높아진다고 보고된다(Deal et al., 2010). 따라서 보상과 승진 같은 전통적 리더십 수단은 점점 효력을 잃고 있다.

결국, "리더가 모든 상황을 통제한다"는 과거의 가정에서 벗어나야 한다. 신임 리더에게 필요한 것은 고독한 결단과 권위가 아니라, 구성원의 자율성과 경험을 존중하며 그들 사이를 조율하는 능력이다. 팀원들의 성숙도와 조직의 문화적 맥락을 제대로 이해하지 못한다면, 아무리 훌륭한 리더십 이론도 현장에서는 무용지물이 되고 만다.

4부 팀워크

대학 팀플은 단기 과제 수행 중심이며, 갈등이 생기면 팀을 바꾸거나 프로젝트가 끝나면 관계도 종료된다. 그러나 조직의 팀워크는 장기적 협업 구조 속에서 반복적 과업, 역할 분담, 책임 공유가 결합된 지속적 관계다. 이 차이를 이해하지 못하면 신입은 팀워크를 '좋은 동료관계'나 '과업 분업' 정도로 오해하고 팀워크를 기능 중심으로 해석하는 실수를 범하게 된다.

조직에서 팀이란 공동의 목표를 위해 역할·속도·정보·책임을 공유하는 작업 단위이며, 팀워크란 개인의 성과가 아니라 팀의 구조와 흐름 속에서 기여하는 능력을 의미한다.

입사 초기 팀 적응 전략은 세 가지다.

첫째, 연습경기를 통해 팀 감각을 익히기다. 사소한 지원 업무나 작은 과업은 '부스러기 잡무'가 아니라, 팀의 리듬과 협업 방식을 체득하는 실전 경험이다.

둘째, 흐름에 동참하기다. 팀의 속도가 빨라질 때는 즉각적인 실행이, 신중함이 필요한 시점에는 확인과 조율이 우선한다. 마치 축구 경기의 '무호흡 수준의 리듬'처럼 팀의 박자에 맞춰 자신의 역할을 조절하는 능력이 핵심이다.

셋째, 연결하는 패스 감각을 키우기다. 혼자 빛나는 단독 드리블보다, 필요한 순간 정확히 패스하고 정보를 공유하는 사람이 팀에서 신뢰를 얻는다.

팀워크의 실패는 조직 적응에서 위험한 부작용을 초래한다. 팀의 흐름과 어긋나는 행동은 신입을 '함께 일하기 어려운 사람'으로 보이게 하며, 이는 업무 능력 평가보다 훨씬 치명적이다. 팀워크의 결핍은 중요한 과업에서 배제되거나, 신뢰 형성 과정에서 회복하기 어려운 손상을 남길 수 있다.

01.

팀 이름의
정체성

　직장에서 세 개의 팀을 거치는 동안, 명함 속 팀 이름은 열 개쯤 된다. 팀마다 평균 세 번씩 이름이 바뀐 셈이다. 그 시점은 대개 새로운 CEO가 부임했을 때였다. 어떤 경우에는 같은 CEO 재임 중에도 두세 번 이름이 바뀐 적도 있었다. 이에 대해 구성원들의 반응은 대체로 냉담했다.

　"명함 만든 지 얼마 되지도 않았는데 또 버려야 하네."

　"이 이름이 우리가 하는 일과 무슨 상관이 있죠?"

　결국 이는 팀의 기능과 이름이 따로 노는 현실에 대한 불만이었다.

　팀 이름 변경의 이유는 크게 세 가지였다. 첫째, CEO가 자신의 비전이나 철학을 조직에 투영하려 할 때다. 그러나 대부분은 조직에 대한 이해보다 의도가 앞서 성급히 추진되곤 했다. 그래서 대개 명함 변경으로 끝나는 경우가 많았다. 둘째, 사업 전략이나 기능 조정에 따른 실질적 변화를 동반한 경우다. 기능, 역할과 구조가 함께 바뀌는 경우에 의미 있는 재편으로 이어진 경우가 있었다. 셋째, 유행이나 경쟁사 모방형이다. '혁신'이라는 이름 아래 진행되지만, 구성원들은 이름보다 그 뒤에 숨은 인사이동과 자원 배분에 더 관심을 가진다. 이름이 바뀌면 곧 권한과 역할이 달라지기 때문이다. 이런 경우는 내부적으로 정치적 해석이 따랐다

  문제는 이름을 바꾸는 행위가 단순한 형식이 아니라 정체성의 정치라는 점을 간과한다는 데 있다. 사회정체성 이론(Ashforth & Mael, 1989)에 따르면, 사람은 자신이 속한 집단의 이름을 통해 자아를 정의한다. 그래서 조직 명칭과 팀 이름은 구성원의 자부심과 자기 동일시의 근거가 된다. 조직이 이름만 바꾸고 역할·자원·구조를 그대로 두면, 구성원은 변화를 단순한 '명함 갈이'로 인식하고 팀 이름 변경에 따른 변화로 나아가지 못한다.

  명칭 변화가 긍정적으로 작용하려면, 구성원이 명칭 변경 과정에 함께 참여하는 최소한의 과정과 절차가 필요하다. 리더는 변화의 초기 단계에서 센스메이킹(sense-making)을 통해 현실을 진단하고, 센스기빙(sensegiving)을 통해 그 의미를 구성원에게 전달해야 한다(Gioia & Chittipeddi, 1991). 센스기빙이란, "이 상황을 이렇게 보자"라고 구성원들에게 틀을 제시·설득하여 상황과 변화 방향을 제시하는 행위다. 구성원이 변화의 의미를 이해하고 자신의 역할을 재정의할 때, 인식과 행동의 조율이 가능해진다. 변화 과정에 참여한 사람들은 그렇지

않은 사람보다 적극적 수용과 참여가 증가한다고 했다.

간단한 팀 워크숍이라도 좋다. 이름이 바뀐 이유, 앞으로의 방향, 그 안에서 각자가 해야 할 일을 함께 토의하고 공유할 때 변화는 집단의 정체성 변화에까지 영향을 미칠 수 있다. 이름의 심리적 효과를 입증한 흥미로운 연구도 있다. 즈웹너(Zwebner et al., 2017)는 무작위적으로 보여주는 사람들의 얼굴만 보고 이름을 맞추는 실험에서 우연 이상의 정확도가 나타났음을 보여주었다. 이 연구결과는 이름이 사회적 기대와 인상을 형성하고, 결국 외모나 태도에도 영향을 미친다는 것을 보여준다. 이름의 힘은 '이름이 좋기 때문'이 아니라, 그 이름이 상징하는 경험과 의미가 공유될 때 비로소 발휘된다.

따라서 팀 명칭 변경에 앞서 세 가지를 고려해야 한다. 첫째, 단순한 유행이나 상징 조정이 아니라 무엇이 달라지는지를 명확히 해야 한다. 둘째, 구성원들이 참여할 수 있는 과정을 만들어야 한다. 몇몇 리더의 머릿속에서 결정된 명칭이 아니라, 팀의 일과 언어로 재해석할 수 있어야 한다. 셋째, 명칭 변화에 맞게 역할과 자원을 재구성해야 한다. 새로운 이름이 약속하는 기대와 역할에 필요한 인력과 자원이 따라야 한다.

이름은 결국 나를 부르는 말이자, 우리를 정의하는 정체성이다. 간판만 바꿔서는 사람의 마음이 따라오지 않는다. 이름이 힘을 가지려면, 그 안에 담긴 이야기와 기대, 역할이 구성원에게 살아 있는 의미로 자리 잡아야 한다. 조직의 정체성은 명함에 인쇄된 글씨가 아니라, 그 이름을 함께 말하고 살아내는 사람들의 관계 속에서 완성된다.

02.

1인치
스피치

올리버 스톤 감독의 영화 〈애니 기븐 선데이〉에서 팀 리더십의 본질을 압축해 보여준다. 알 파치노가 연기한 미식축구팀 마이애미 샤크스의 감독 토니는 갈등과 부진으로 무너진 팀을 이끌고 플레이오프에 출전한다. 경기 시작 직전, 라커룸에 모인 선수들에게 그는 이렇게 말한다. "삶은 1인치의 게임이다. 축구도 마찬가지다. 그 1인치가 모여 승패를 결정하고, 삶과 죽음을 가른다."

토니가 말하는 1인치의 의미는 '팀워크는 서로의 1인치를 기꺼이 내주며 연결되는 과정이다.'라는 맥락에서 1인치다. 여기서 1인치는 '내 역할의 끝을 조금 넘는 순간의 의미(상대와의 연결을 위한 추가적인 노력)', '나의 1인치는 옆 동료의 1인치가 있어야 가능하다는 의미(누구도 혼자 이길 수 없다)', '팀 성과는 작은 합의, 짧은 패스, 실수에 대한 즉각적 커버 등 미세 행동의 합(팀 성과는 결과가 아닌 협력과정의 총합)', '말이 아니라 행동으로 보여주는 동료와의 신뢰 거리'를 의미한다. 이런 작은 성공 경험이 쌓일수록 집단은 복잡한 문제를 단순화하고 자신감을 회복한다. 거대한 목표보다 작은 차이를 인식하고 개선하는 반복적 경험이 조직의 에너지를 만든다는 것이다. 팀워크란, 거대한 전략이 아니라 각자가 자기 자리에서 내주는 '아주 작은 간격'을 서로 연결하는 능력이다.

또한 토니가 팀 선수들에게 던진 "네 옆의 동료를 보라. 그는 너를 위해 싸울 것이다. 너는 어떻게 할 것인가?" 라는 질문은 개인과 팀의 심리적 안전감(psychological safety)에 대한 선언이다. 플레이할 때 상대 수비수의 공격으로부터 1인치 옆의 동료가 나를 보호해 줄 것이라는 믿음, 내가 실수해도 뒤에 있는 동료가 이를 감당해 줄 것이라는 신뢰가 있을 때 개인은 팀으로 함께한다. 이는 단순히 인간적 온정이 아니라, 성과를 지속시키는 구조적 신뢰의 조건이다.

사회정체성 연구(Haslam et al., 2011)에 따르면, 집단 정체성이 높을수록 구성원은 더 많은 이타적 행동을 보이며, 개인적 손해를 감수할 가능성이 커진다고 한다. 팀의 정체성이 명확할수록 구성원은 개인보다 '우리'를 우선시한다. 토니의 1인치 스피치는 결국 팀과 동료를 향한 신뢰의 거리, 즉 팀의 정체성을 일깨우는 가장 구체적 언어였다.

기업 조직도 다르지 않다. 강력한 지시나 단기 성과와 보상만으로 팀을 안정적으로 결속시킬 수 없다. 구성원 간의 미세한 불신, 인식의 불일치, 소통의 단절이라는 1인치의 작은 균열이 쌓이면서 조직은 서서히 개인으로 무너진다. 진정한 팀 리더십은 거창한 선언이 아니라 그 1인치를 메우는 노력에 있다. 작고 구체적인 행동, 반복적인 피드백, 관계의 복원이 모여 신뢰를 만든다. 그리고 그 신뢰는 곧 성과의 토대가 된다.

팀 리더십의 본질은 팀 경영의 의미를 회복시키는 동료들의 평소 언어와 태도에 있다. 토니에게 팀이란? '팀 승리는 한 번의 히어로 플레이가 아닌 선수 각각의 1인치가 촘촘히 이어질 때 만들어진다. 팀은 '완성된 구조'가 아니라 매 순간 메워지는 작고 미세한 1인치 간극의 연쇄다.'

토니의 말처럼 삶과 일의 대부분은 1인치 차이에서 갈린다. 팀도 예외가 아니다. 그 1인치를 외면하면 조직은 균열되고, 그 1인치를 함께 메우면 팀은 다시 살아난다. 팀을 바꾸는 힘은 멀리 있지 않다. 바로 옆의 1인치, 신뢰의 거리 안에서 시작된다.

03.

팀을 망치는
한마디

영화 〈딥 임팩트〉에서 혜성 충돌을 앞두고 미국 백악관의 대책 회의 장면이 나온다. 대통령이 재난관리청 책임자에게 던진 첫 질문은 "Are you in control of this operation?"이었다. 당신이 이 상황을 잘 통제하고 있느냐는 뜻이다. 많은 해외 재난 영화에서도 유사한 장면이 반복된다. "Are you in command of this situation?" ― 즉, 당신이 이 상황의 책임자인지를 묻는 것이다. 그리고 이어지는 대화에서 통제권이 현장에 있음을 확인하면 "지원할 것이 있는가?"를 짧게 묻고 자리를 떠난다. 현장 책임자의 판단과 지위를 존중하는 장면이다.

반면 국내 재난 뉴스 속 장면은 사뭇 다르다. 재난과 직접 관련 없는 '윗분'들이 오면 현장 지휘는 뒷전으로 밀리고, 이들을 위한 보고가 우선된다. 대화 장소도 현장이 아닌 별도의 공간이 마련되고, 보고자와 피보고자는 긴급 상황에서도 엄격한 위계적 태도를 유지한다. 위기보다 윗분에 대한 보고가 우선되는 분위기다. 어떤 경우에는 분초를 다투는 현장 상황에서도 충분한 정보와 판단 없이 엉뚱한 지시가 내려와, 현장 긴급 행동의 우선순위가 뒤바뀌기도 한다. 이 순간 팀은 '자율적으로 문제를 해결하는 집단'에서 '위 지시만 따르는 수동적 집단'으로 전락한다. 팀을 망가뜨리는 것은 바로 이런 한마디 지시다.

재난 상황의 본질은 예측 불가능성과 시간 압박이다. 기존 매뉴얼은 현장 상황 앞에서 쓸모 없어지고, 정보 단절과 투입 자원에 대한 이해관계 충돌이 동시다발적으로 발생한다. 이런 상황에서 필요한 것은 외부의 지시가 아니라 현장의 자기 조직화(self-organization)다. 자기 조직화란 구성원들이 상황에 맞게 스스로 역할을 조정하고, 문제 해결을 위해 자율적으로 행동을 조직화해 내는 과정이다. 이것이 실시간 대화와 피드백을 통해 혼돈을 질서로 전환시키는 현장 리더십의 요체다.

심리학의 자기결정이론(Self-Determination Theory)에 따르면, 인간의 동기를 지속시키는 힘은 외부의 지시가 아니라 자율성과 책임감에 있다. 자율이 보장될 때 책임 있는 행동이 나오고, 그런 행동이 쌓여 문제 해결력이 강화된다. 소방관이 불길 속으로 뛰어드는 용기있는 행동의 근거는 지시가 아니라 옆 동료에 대한 믿음이다.

현장에서 자기 조직화가 잘 작동하려면 세 가지 조건이 필요하다. 첫째, 목적의 명확한 공유다. 재난 상황이라면 모든 우선순위는 생명 구조에 두어야 한다. 둘째, 정보의 투명성과 실시간 공유다. 각자의 판단과 상황을 말과 몸짓으로 교환하며 전체 상황을 공유해야 한다. 셋째, 상호 신뢰다. 재난 현장은 그 자체로 생명을 건 활동이다. 위험을 감수하는 현장에서 동료 간 신뢰가 없으면 재난 현장은 공포로 변하고, 상황은 걷잡을 수 없는 혼란으로 바뀐다.

문제는 리더의 행동이다. 위임이란 단순히 책임을 떠넘기는 것이 아니라 행동의 자율성을 보장하는 일이다. 현장과 괴리된 불필요한 지시는 자기 조직화를 방해하고, 구성원의 초점을 윗선으로 향하게 만든다. 남는 것은 책임 전가뿐이다.

이런 상황에서 리더에게 필요한 말은 세 마디면 충분하다.

"당신의 판단을 믿는다."

"최선을 다해주길 바란다."

"실수와 책임은 내가 진다."

04.

팀장의
하소연

"팀장은 권한은 없고 책임만 있다."

많은 중간관리자들이 공감하는 이 말은 단순한 푸념이 아니다. 위로는 경영진, 아래로는 팀원 사이에서 끊임없이 이해관계를 조율해야 하는 팀장은 늘 구조 속에 갇힌 존재처럼 느낀다. 그러나 이 구조적 제약 속에서도 팀장은 여전히 조직의 성과와 분위기에 결정적 영향을 미치는 사람이다.

회사는 팀장을 단순한 관리자 이상으로 본다. 팀장은 고위 경영진으로 가는 첫 번째 관문이자, 리더십을 검증하는 자리다. 회사의 경영자원 배분과 정보 접근, 팀원의 인사평가 권한 등 공식적, 비공식적인 권한을 행사할 수 있다. 또한 고위 임원들과의 각종 회의와 미팅자리는 사내에 새로운 소통과 인적네트워크를 구축할 기회를 제공한다.

민츠버그(1973)는 관리자의 역할을 '정보적 역할'과 '대인적 역할'로 제시했다. 관리자는 조직 내 정보의 흐름을 통제하고 대인관계를 조율해야 한다는 것이다. 회의에서 한마디, 고객 보고서 한 줄, 팀원 간 중재 한 번이 조직의 신뢰 흐름을 형성하고 바꾸기도 한다.

그렇다면 팀장이 조직 내에서 집중해야 할 핵심은 무엇일까? 바로 팀과 팀원들의 역할관리(role management)다. 역할관리는 팀원의 업무 범위와 책임을 명확히 하고, 변화에 맞게 이를 조정·정렬하는 활동이다. 단순한 업무분장이 아니라, 성과·관계·고객 경험을 통합적으로 설계하는 과정이다.

팀장의 팀 관리는 사람을 다루는 기술이 아니라 역할을 설계하고 조정하는 능력에서 출발한다. 조직은 개인의 성향으로 모인 공간이 아니라, 서로 다른 역할이 맞물려 작동하는 시스템이기 때문이다. 팀이 흔들릴 때 우리는 종종 태도나 동기 문제를 떠올리지만, 실제 원인은 역할의 불명확성, 팀 역할 경계의 붕괴, 역할 변화 관리의 실패인 경우가 훨씬 많다.

팀에서 역할 관리는 세 가지 축으로 이루어진다. 첫째, 역할 정체성 관리다. 팀원들은 "무엇을 잘해야 하는가"보다 "나는 이 팀에서 어떤 역할을 맡고 있는가"를 통해 판단 기준을 형성한다. 팀장이 팀의 역할 정체성을 분명히 할수록 구성원은 상황마다 스스로 결정할 수 있는 판단 기준을 갖게 된다. 둘째, 경계 관리다. 역할의 경계가 흐려지면 중복 업무와 책임 회피, 보이지 않는 공백이 동시에 발생한다. 팀장은 누가 어디까지 책임지는지를 명확히 하여, 갈등이 감정으로 번지기 전에 구조로 정리해야 한다. 셋째, 역할 변화 관리다. 조직의 역할은 상황에 따라 유동적이다. 프로젝트, 위기, 성장 국면에 따라 역할은 변화를 요구 받는다. 이때 팀장이 변화의 방향과 이유를 명확히 정리하지 않으면, 팀원들은 변화 자체보다 '왜 내가 이걸 해야 하는지'에서 심리적 저항을 느낀다.

결국 팀장의 역할 관리는 지시나 통제가 아니라 역할 설계와 조정의 일이다. 사람을 바꾸려 하기보다 역할이 제대로 작동하도록 조건을 만드는 것, 그것이 팀장을 팀장답게 만드는 핵심 역량이다.

조직이 움직이는 힘은 직위가 아니라 관계의 조율력과 역할의 명료성에서 나온다. 팀장은 권한을 행사하는 사람에 머무는 것이 아니라, 신뢰를 축적하고 의미를 재구성해 나아가는 사람이다. 팀장의 진짜 리더십은 권한의 크기보다 실질적인 영향력에서 판가름 된다.

05.

우리 팀은
왜 이래?

 직장인들의 팀에 대한 불만은 의외로 공통적이다. "회의만 많고 결론은 없다.", "혼자 하면 이틀인데 협업 때문에 일주일이 걸린다.", "결정해서 지시하면 간단할 일을 협업으로 복잡하게 만든다." 이런 말 속에는 팀이 지닌 구조적 문제, 즉 개인 효과성과 팀 효과성의 불균형이 숨어 있다. 개인은 빠르고 명확하게 일하려 하지만, 팀은 절차와 합의를 중시한다. 이 두 입장의 균형이 어긋나면 팀과 구성원 사이 신뢰에 문제가 발생한다.

 또 다른 불균형은 기여와 보상의 불일치에서 비롯된다. "숟가락만 얹은 사람이 칭찬받는다.", "열심히 해도 대충 한 사람과 평가에 차이가 없다."는 불만은 공정성의 문제인식을 보여준다. 애덤스의 공정성 이론(Equity Theory)에 따르면, 기여와 보상이 불균형할 때 사람은 분노와 냉소를 느낀다. 기대이론(Vroom, 1964) 역시 노력-성과-보상의 연결 고리가 약할수록 동기가 떨어진다고 했다. 구성원들은 개인의 기여와 평가 보상에 대해 스스로 납득 가능한 균형을 원한다. 그것이 깨지면 협업은 신뢰보다 각자의 이해관계를 앞세우는 계산적 구조로 왜곡된다.

특히 경력 5~10년 정도의 핵심 인력에게 이 문제는 치명적이다. 이들은 조직의 중추로서 고성과 집단은 첫 번째 관리자 승진 경쟁에 진입하는 대상들이다. 반대로 저성과 그룹은 승진 경쟁에서 지체 되거나 제외되기 시작하면서 조직의 불만 그룹을 형성하는 시기이기도 하다. 결과적으로 한 팀 안에서도 성과 중심의 개인과 관계 중심의 팀, 속도와 절차, 효율과 공정 사이의 균형이 어긋나기 시작한다. 그 균열이 커질수록 팀의 신뢰는 줄고 갈등은 증가한다.

문제는 이런 불만이 단순한 감정 토로에 그치지 않는다는 점이다. 회사가 평가하는 것은 성과 자체가 아니라 성과를 만들어내는 태도에 있다. 개인이 아무리 뛰어나도 협력에 미온적이거나 동료를 불신하면 팀의 정체성을 해친다. 반대로 성과가 다소 부족하더라도 신뢰와 협력을 보여주는 구성원은 장기적으로 조직 인재로 인정 받을 가능성이 있다.

개인과 팀 효과성의 균형은 팀 리더십의 핵심이다. 팀장은 개개인의 역량을 정확히 파악하고 이를 하나의 시스템으로 조율, 연결해야 한다. 팀 협업의 절차가 개인의 효율성을 저해하지 않도록, 공정한 역할 분배와 투명한 피드백 구조를 만들어야 한다. 협업은 시간을 늘리는 과정이 아니라 신뢰를 쌓는 절차가 되어야 한다.

결국 "우리 팀은 왜 이래?"라는 불만은 팀이 무능해서가 아니라, 개인과 팀의 균형이 어긋날 때 나타나는 현상이다. 팀장은 이 불균형을 조율하는 위치에 있고, 팀원 자신의 속도를 팀의 업무 흐름에 맞추도록 하는 지휘자와 같다. 개인의 성과가 팀의 신뢰로, 팀의 성과가 개인의 성장으로 이어질 때 비로소 조직은 하나의 속도로 움직인다. 이런 점에서 팀워크의 본질은 속도의 합이 아니라, 나아가는 방향 일치에 가깝다.

06.

티키타카
전술

    살아있는 팀워크의 관점에서 현대 축구의 가장 인상적인 것 중 하나가 '티키타카' 전술이다. 티키타카 전술은 개인 중심의 돌파가 아니라 짧고 빠른 연결을 통해 역할 간 신뢰와 상호의존을 극대화하는 팀워크 방식이다. 스페인 축구에서 시작된 짧고 빠른 패스, 끊김 없는 선수들과 공의 움직임, 그리고 선수들 간의 완벽한 호흡은 축구를 새로운 단계로 끌어올렸다. 이런 점에서 티키타카 전술은 오늘날 조직과 팀이 작동해야 할 방식과도 매우 닮아있다. 공이 끊임없이 움직이고, 선수들이 서로의 위치와 의도를 예측하며 연결되는 방식은 팀워크의 살아 있는 모델이 된다.

    기업 환경 역시 과거의 명확한 포지션 중심 구조에서 역할 중심의 네트워크 구조로 바뀌고 있다. 이는 조직이 처한 환경이 복잡해질수록 경직된 직무보다 유연한 역할 전환이 필요하다는 점을 보여준다. 살아 움직이는 팀워크의 핵심은 '누가 중심이냐'가 아니라 '어떻게 연결되느냐'이다.

티키타카형 팀워크는 세 가지 원칙 위에서 작동한다.

첫째. 빠른 소통 — 정보는 공처럼 흘러야 한다. 티키타카의 핵심은 공이 멈추지 않는 데 있다. 패스가 끊기면 흐름이 깨지고, 상대에게 주도권을 빼앗긴다. 조직도 마찬가지다. 정보가 늦게 공유되거나 한 방향으로만 흐를 때, 새로운 기회 포착과 문제 해결의 타이밍을 놓친다. 하버드 비즈니스 리뷰(HBR)는 협력적 조직이 성과를 내는 조건으로 '빠른 정보 공유'와 '역할 간 연결'을 꼽았다. 이는 티키타카 전술과 정확히 일치한다.

둘째, 다기능적 역할 — 포지션이 아니라 움직임이다. 현대 축구에서 한 포지션만 고집하는 선수는 설 자리가 없다. 공을 기다리는 선수에게는 기회가 없다. 수비수도 공격을 돕고, 공격수도 수비에 가담해야 한다. 이처럼 티키타카의 전제는 '포지션이 아닌 역할'이다. 조직에서도 마찬가지다. 부서 경계가 점점 사라지고, 한 명의 팀원이 다양한 역할을 수행해야 한다. 특정 업무에 자신을 가두면 역할 변화에서 멀어진다. 환경의 변화와 고객 요구에 즉각 대응할 수 있는 '변화 가능한 역할 구조'가 필요하다. 이런 점에서 팀워크는 정적인 구조가 아니라, 상황에 따라 재편되는 동적 구조여야 한다.

셋째, 신뢰의 연결 — 동료에게 중요한 슈팅 기회를 맡길 수 있는 믿음. 티키타카는 기술보다 신뢰를 기반으로 한 전술이다. 공이 오가는 짧은 순간에 동료 간 호흡이 일치하지 못하면 그 흐름은 끊긴다. 사회적 자본 이론(Coleman, 1988)에 따르면, 구성원 간의 신뢰와 협력 네트워크는 조직 성과를 결정짓는 가장 중요한 요인이다. 신뢰가 있어야 위험을 감수하고, 서로의 결정을 존중하며, 과감하고 새로운 시도를 할 수 있다.

메시와 같은 천재 선수의 플레이는 종종 개인의 재능으로 보이지만, 그의 시선은 늘 동료들의 움직임 위에 있다. 순간의 창의적인 드리블과 슛도 사실은 팀 전체의 공간과 타이밍 속에서 만들어낸 결과다. 개인의 창의성과 팀의 조화가 한 호흡으로 맞물릴 때 비로소 '팀다운 플레이'가 완성된다. 진정한 팀워크란 개인이 사라지는 것이 아니라, 개인이 연결을 통해 팀으로 빛나는 순간의 총합이다

복잡해지는 환경 속에서 조직은 더 이상 정적인 포메이션 대응으로 한계에 봉착해 있다. 정보는 끊기지 않고 흘러야 하고, 구성원은 서로의 연결 고리가 되어야 한다. 공이 멈추면 경기가 끝나듯, 정보 소통과 대화가 끊기면 조직은 멈춘다. 결국 팀워크의 본질은 위계와 직위(Position)가 아닌 역할(Role) 연결에 있다.

07.

공동
관리

　조직에서 협업이 잘 되지 않는 이유를 '소통 부족'으로 치부하곤 한다. 그러나 진짜 문제는 소통의 양이 아니라 방식에 있다. 오늘날의 소통은 사람 간 대화보다 다양한 플랫폼과 사내 정보시스템을 통해 이루어진다. 이제 정보를 주고받는 대상은 사람뿐 아니라 시스템을 포함한다.

　엑셀 데이터를 떠올려보자. 프로그램이 정보를 읽고 분석하려면 가로와 세로의 정해진 형식(format)을 따라야 한다. 내용이 아무리 좋아도 형식이 맞지 않으면 시스템은 읽지 못한다. 조직도 마찬가지다. 형식이 일치하지 않으면 정보는 단절되고, 협업은 연결되지 않는다. 앞으로 디지털 경제시대 조직의 과제는 소통의 증가에 앞서 소통을 위한 형식의 일치가 우선해야 한다.

형식은 단순한 문서 양식이 아니다. 그것은 정보를 압축하고 사고를 정렬시키는 공유의 언어다. 기술문서 연구에 따르면 구조화된 양식(Structured Authoring)은 자유 양식보다 작성 시간을 30% 단축하고 오류를 40% 줄인다. 이는 단순한 효율성의 문제가 아니다. 형식이 사고의 구조를 통일시켜 해석의 속도와 정확성을 높이기 때문이다. 예를 들어, 한 팀이 의사결정 문서를 '문제-가설-지표-리스크' 형식으로 정리한다면 모든 대화와 의사결정 판단은 이 순서에 맞게 정렬된다. 효율성은 속도가 아니라 형식의 일치성에서 출발해야 한다.

좋은 팀은 정보 교환을 잘하고 협력하는 것을 넘어, 지식을 축적하고 효과적으로 활용하는 팀이다. 형식을 잘 관리하는 팀은 문서나 절차를 통해 생각의 흔적을 남기고, 그것이 다음 프로젝트의 출발점으로 삼는다. 위키(Wikipedia), 깃허브(GitHub), 오픈소스 프로젝트가 성장할 수 있었던 이유도 여기에 있다. 모두가 따를 수 있는 공통 템플릿과 프로토콜이 있을 때만 서로의 기여가 누적되고, 의미 있게 연결된다. 형식은 정보를 저장하는 공통의 양식이자 소통의 플랫폼이다.

형식은 창의성을 억누르는 틀이 아니라, 사람과 시스템, 데이터와 아이디어를 연결하는 언어적 인터페이스다. 형식이 있을 때 서로의 생각은 비교 가능해지고, 논의는 명료해지며, 협업은 효율적으로 개선된다. 형식은 효율을 높이고, 구조화는 협업의 질을 높이며, 공유된 틀은 집단 창의성 발휘의 기반이 된다. 형식이 곧 연결이고, 연결이 곧 팀워크의 효율성에 중요하다.

08.

과업 꾸겨 넣기와
틈새 만들기

 팀이 안정세를 찾아가던 시점, 계획에 없던 대형 프로젝트가 갑자기 떨어졌다. 이번 과업은 회사의 매출과 수익에 크게 기여할 뿐 아니라 CEO가 관심과 지원을 약속한 사업이었다. 고객사와 CEO 간의 신뢰 관계 속에서 가능했던 기회였기에 팀 내 긴장감은 한층 높아졌다. 첫 회의 자리에서 직원들은 이미 프로젝트에 대해 심리적 부담을 느끼고 있었다. 과거 경험상 이런 사업의 경우 CEO가 사업 상황을 직접 챙기면서 팀원들이 위축되는 일이 많았기 때문이다.

 이처럼 중요성과 긴급성이 높은 과업은 팀의 구조와 역할을 재정렬하지 않고서는 소화하기 어렵다. 그저 한두 번의 회의에서 책임을 던지듯 나누면 곧바로 불만과 갈등이 터지고, 팀은 위기에 빠진다. 팀장이 느끼는 부담은 이중적이다. 한편으로는 "팀원들에게 추가 부담을 지워 미안하다"는 마음과 동시에 "이번 프로젝트는 팀의 성장을 이끌 기회"라고 생각한다. 프로젝트 매니저(PM)는 새로운 역할과 책임을 도전으로 받아들이면서 동시에 기존 업무와 병행해야 하는 시간 관리와 협업 체계 구축에 대한 우려를 감추지 못한다. 팀원들 역시 "기존 일도 벅찬데 또 새로운 일이 추가된다"는 불안과 "내가 잘 해낼 수 있을까" 하는 걱정을 불러일으켰다.

문제는 과업에 대한 인식의 차이다. 팀장은 대체로 팀원들보다 과업의 부담을 과소평가하는 경향이 있고, 팀원들은 자신의 과업을 과대평가하면서 타인의 과업은 덜 힘들다고 여기는 경향을 보인다. 이는 경험과 숙련도의 차이일 수도 있지만, 결국 협업을 어렵게 만드는 인지적 왜곡을 불러온다. 따라서 새로운 과업이 등장했을 때 가장 중요한 것은 변화된 업무의 중요도와 긴급성에 따라 과업과 역할을 정렬하는 초기 대응 능력이다.

과업의 변화 수준에 따라 접근법은 달라져야 한다. 변화가 전체 업무의 10% 정도라면 기존 역할을 조정해 '과업 꾸겨 넣기'도 가능하다. 팀원 간 양해와 협의, 업무 분담의 재배치로 해결할 수 있다. 그러나 이 과정에서 흔히 범하는 오류는 만만한 팀원이나 조직 약자에게 부담을 전가하는 것이다. 이는 팀이 과업 기준이 아니라 사람 중심으로 움직인다는 잘못된 신호를 줄 수 있다.

문제가 되는 것은 변화 폭이 30% 내외일 때다. 이 수준은 단순한 역할 조정으로는 감당하기 어렵다. 과업의 우선순위를 전면 재조정하고, 기존 업무와 새로운 과업의 균형을 다시 맞춰야 한다. KPI 등 평가 기준도 수정되어야 하며, 팀원들이 합의할 수 있는 수준의 역할 재정의가 요구된다. 때로는 외부 전문성과 지원 인력을 투입하거나 자원 배분의 변화를 동반해야 한다. 머리만 꾸겨 넣고 몸을 움직이지 못하는 상태를 만들면 한계가 분명하다. 이때 리더의 역할이 결정적이다. 역할 공백이 생기거나 전략적 혼란이 발생하면 팀은 쉽게 흔들린다.

변화 폭이 50% 수준에 이르면 기존 팀의 틀로는 소화가 어렵다. 회사 차원에서 별도의 수행팀을 신설하거나 외부 조직과 협업 체계를 구축해야 한다. 목표와 역할, 성과 배분의 원칙을 새롭게 정립하지 않으면 과업은 실패할 가능성이 크다.

결국 과업 변화는 세 가지 수준으로 대응할 수 있다. 10% 내외는 역할 조정을 통한 '과업 분담하기', 30% 내외는 팀 전체의 구조적 재정렬, 50% 이상은 과업 중심의 새로운 수행 조직 구성이다. 리더는 이 상황을 명확히 하고 초기 상황에 맞는 전략을 취해야 한다.

그러나 중요한 점은 '꾸겨 넣기' 방식은 어디까지나 임시적이라는 것이다. 장기적 해법은 아니다. 오히려 '틈새 만들기 전략'이 효과적이다. 이는 애자일(Agile) 방식의 스프린트처럼 거대한 과업을 짧고 작은 실행-피드백 단위로 분해하는 접근이다. 작은 단서와 입구를 만들어 팀원들이 자연스럽게 참여할 수 있게 하고, 협업을 통해 문제 해결의 질서를 만들어 나가는 것이다. 이렇게 덩어리 과업을 소화 가능한 작은 모듈로 나누면 부담감이 줄고 실행력이 높아진다.

성능이 좋은 자동차가 코너에서 진짜 성능을 드러내듯, 팀도 과업 변화라는 급격한 곡선을 만날 때 팀의 한계와 역량이 드러난다. 좋은 차는 중심을 잃지 않고 속도를 유지하며, 훌륭한 드라이버는 안전과 속도를 동시에 최상의 상태로 조율한다. 마찬가지로 우수한 팀은 변화 속에서도 질서와 흐름을 유지하고, 팀원들은 상황 변화에 대응해 스스로 우선순위 재정렬과 역할변화를 통해 균형을 잡는다. 중요한 것은 변화의 순간을 혼란이 아니라 질서로 빠르게 전환하는 능력이다.

팀제의 본질은 바로 여기에 있다. 외부 환경의 변화와 복잡성에 민첩하게 대응하기 위해 팀은 존재한다. 새로운 과업은 늘 불편과 긴장을 동반하지만, 이를 흡수하고 질서로 바꾸는 순간 팀은 더 강해진다. 과업의 무게는 늘 변한다. 그러나 그 무게를 흩트리지 않고 다시 배열하는 힘 — 그것이 진짜 팀워크의 시험대가 되곤 한다.

09.

협력의 맛,
시너지!

 현장에서 협력에 대한 회의적 태도를 접하는 일은 어렵지 않다. "협업은 시간만 잡아먹는다", "결과가 더 좋아지지도 않는다", "성과는 없고 피로만 남는다." 협력 경험이 낭비와 부담으로 각인된 팀원에게 협력은 긍정적 단어가 아니라 피하고 싶은 리스크다. "내가 얻은 건 소금 맛 나는 땀뿐이었다"는 푸념 속에는 협력이 주는 보상보다 소진이 크다는 경험의 그림자가 드리워져 있다.

 그러나 협력의 힘은 단순히 '함께 일했다'는 사실에서 나오지 않는다. 과정 속에서 성과와 성공을 경험한 팀원은 그 자체로 강한 동기부여를 얻는다. 협력의 경험이 쌓이면 팀원들은 서로의 강점과 역할을 이해하고, 신뢰를 기반으로 빈틈과 기회를 탐색한다. 이는 협력의 반복을 통해 팀의 규범이 되고 문화로 자리 잡는다. 성공 경험은 협력의 씨앗, 시너지는 그 열매다. 결국 우리의 팀이 얼마나 협력 속에서 진짜 성취의 맛을 보았는지가 미래의 태도와 행동을 가른다.

팀 관련 연구에 따르면, 개인이 직접 경험하는 의미 있는 업무는 심리적 안전감을 높이고 자발적인 팀 참여를 촉진한다(Kahn, 1990). 또 다른 연구에서는 협력 경험에서 형성되는 신뢰, 가치 공유, 전문성 조율이 팀 성과의 81%를 설명한다(Hoegl & Gemuenden, 2001). 그럼에도 불구하고 현장에서 이러한 연구 결과가 충분히 구현되지 못하는 이유는 개인과 팀의 경험을 성찰하고 축적하는 과정이 부족하기 때문이다. 개인의 부분적·기능적 경험이 팀의 성과와 연결될 때 비로소 팀 수준의 의미와 신뢰가 형성되며, 이는 통합적 팀 수준 경험으로 전환된다. 이러한 경험의 의미화 과정이 생략되면 경험은 총체적 경험으로 연결되지 못하고, 협력 경험 또한 축적되지 못한 채 소모되고 만다. 일상적인 시간 압박과 과중한 업무 환경 속에서 팀은 단기적 결과를 우선시하게 되며, 그 과정에서 가장 핵심적인 자산인 '경험 자산'이 사라지고 있는 것이다.

팀 역량이라는 관점에서 팀장은 협력이 단순히 1과 1의 산술적 합이 아니라, 시너지를 만들어내는 곱의 함수가 되도록 만들어야 한다. 협력은 의도적 개입과 과정 관리, 역할 배분의 최적화, 지속적인 피드백이 뒷받침되어야 한다. 팀장이 "알아서 해"라고 말하는 수준을 넘어서, 팀원 스스로 판단할 수 있는 구조를 만들어주는 것도 중요하다. 시너지 경험은 팀에 강렬한 인상을 남기고, 이후 협력의 태도와 분위기를 촉발하는 결정적 경험과 정체성이 된다.

이와 관련해 살라스(Salas et al., 2005)는 군, 항공, 의료, 소방 등 고위험 환경에서 고성과 팀을 연구한 결과, 협력을 가능하게 하는 5가지 팀워크의 Big Five를 제시했다. 첫째, 팀 리더십은 방향을 제시하고 역할을 조율하며 분위기를 이끈다. 둘째, 상호 모니터링은 동료의 상황을 이해하고 연결해 스스로 조정하게 한다. 셋째, 백업 행동은 실수와 공백을 메우며 신뢰를 강화한다. 넷째, 적응력은 변화 상황에 전략과 행동을 유연하게 맞추는 능력이다. 마지막으로 팀 지향성은 개인이 아닌 팀 목표를 우선하는 우리의 관점을 형성한다. 살라스가 제안한 팀워크 Big Five는 업무팀 뿐만 아니라 스포츠 팀에도 적용되는 보편적 팀워크 원리다.

이 다섯 요소는 알고 있지만 실천이 어려운 공공연한 비밀이다. 협력을 팀의 '근육'이라 표현하는 이유도 여기에 있다. 근육은 강한 훈련과 이완의 반복을 통해 단단해 지면서 동시에 유연해진다. 그렇게 만들어진 근육은 피로를 줄이고 외부 충격에도 쉽게 손상되지 않는다. 협력 역시 마찬가지다. 협력의 경험을 반복하고 피드백하는 과정 속에서 팀은 탄력성을 얻고, 경험곡선은 우상향 한다. 협력은 팀의 근육이고, 경험은 그 근육을 키우는 훈련이다.

10.

팀 분위기
메이커와 파괴자

　어느 날, 고객사로부터 진행 중인 프로젝트의 전면 재검토 요청이 왔다. 순간 사무실은 침묵에 잠겼고, 좌절감이 분위기를 압도했다. 회의 중간에 다급하게 여기저기 통화를 마친 박 과장이 입을 열었다. "고객 쪽 이유를 들어보니 우리가 수행 중인 프로젝트에 대해 임원 회의에서 매우 긍정적인 평가가 있어 일의 규모를 키우기로 했다고 합니다. 그래서 일이 커진 것이니, 내년 사업을 앞당겨 추진한다고 생각합시다." 그의 한마디가 한순간에 팀 분위기를 반전시켰다.

　팀 활동의 주 무대는 회의다. 이 자리에서 주제의 방향성이 정해지고, 팀 분위기가 형성된다. 하지만 모든 팀원이 같은 비중으로 흐름을 좌우하지는 않는다. 대체로 세 부류로 나뉜다. 첫째, 박 과장처럼 분위기를 바꾸고 관계를 조율하는 팀 분위기 메이커. 둘째, 반대로 부정적 태도와 끝없는 비판으로 에너지를 소모시키는 팀 분위기 파괴자. 셋째, 이들 사이에서 상황을 지켜보며 기류에 따라 움직이는 관망자 그룹이다.

팀 분위기 메이커는 단순히 활발한 사람이 아니다. 그들은 자신의 말과 행동의 파급력을 이해하며, 팀의 긴장과 이완의 균형을 조율하고, 작은 기여조차 서로를 인정해 신뢰를 쌓는다. "저 선배 덕분에 버틴다"는 후배의 한마디가 구성원들에게 심리적 안정감과 균형을 만들어 준다. 이들의 영향력은 팀 내 비공식적 규범으로 자리 잡아 침체된 팀을 다시 일으켜 세우는 촉매제가 된다.

반대로 팀 파괴자는 팀제의 약점을 드러낸다. 회의 때마다 부정적 태도를 드러내며 동료들의 몰입을 방해한다. 특히 신입이나 저연차 직원에게는 치명적이다. 그들의 냉소와 비난은 팀 정체성을 흔들고, 심할 경우 동료들이 회사를 떠나게 한다. 이들은 단순한 무임승차자가 아니라, 구성원들의 정서적 안정성을 파괴하는 존재라는 점에서 위험하다. 그래서 종종 팀 안에서는 "저 사람만 없어도 회사 다닐만하다"라고 얘기한다.

대부분의 팀원은 관망자 그룹에 속한다. 이들은 분위기 메이커와 팀 파괴자 사이에서 기류를 따라 움직인다. 따라서 리더십의 핵심은 분위기 메이커의 긍정적 영향력을 높이고, 팀 파괴자의 부정적 영향력을 차단하는 데 있다.

여기에서 팀 리더의 역할은 첫째, 팀 분위기 메이커를 무대의 주인공으로 세워야 한다. 회의 사회나 워크숍 기획, 중요 의제 토론 같은 공식적 기회를 주고, 회의 자리에서 그들의 기여를 공개적으로 인정해야 한다. 이는 팀의 규범적 행동을 강화하고, 관망자 그룹을 끌어들이는 힘이 된다. 둘째, 파괴적 언행에는 단호히 선을 그어야 한다. 초기에 방치하면 그 영향은 빠르게 번져 팀을 망가뜨린다.

작은 팀에서 한 사람의 영향력은 때로 결정적 변곡점이 된다. 팀장은 그 역학을 간파하고, 분위기 메이커가 힘을 발휘할 수 있도록 지원하며, 파괴자의 부정적 힘이 확산되지 않도록 방어해야 한다. 팀워크란 전략이나 계획 이전에, 결국 분위기를 만드는 사람들에게 달려 있다. 팀에 분위기 메이커 한 명만 있어도 팀의 활력은 확연히 달라진다.

5부 인간관계

신입사원이 조직에서 가장 먼저 마주하는 난관은 인간관계가 이전과 전혀 다른 방식으로 작동한다는 사실이다. 대학에서의 관계는 쿨리의 거울자아처럼 '타인이 나를 어떻게 바라보는가'에 기초한 정서적·선호적 관계이고, 미드가 말한 사회적 자아처럼 선택적 상호작용 속에서 형성된다. 그러나 조직의 인간관계, 즉 직무관계는 전혀 다른 원리로 움직인다. 이는 누군가를 좋아하느냐가 아니라 구조·과업·역할에 의해 규정되는 기능 중심의 관계다. 직무관계에는 명확한 특징이 있다. 첫째, 역할에 따른 권력의 비대칭성이 존재한다. 상사–부하, 선배–신입 간 관계는 이미 형성된 관계 구조 속에서 감정보다 역할 기대가 우선한다. 둘째, 관계의 기준이 '어떤 사람인가'가 아니라 '어떤 역할을 수행하며 나와 어떻게 연결되는가'로 결정된다. 셋째, 직무관계는 성과·보고·협업 결과에 따라 강화되거나 약화되는 특징을 가진다.

이 때문에 신입에게 첫 해의 핵심 과제는 직무관계의 안정적 구축이다. 상사의 기대·우선순위·보고 스타일을 파악하고, 동료와는 협업 규범과 역할을 명확히 이해하고 관계를 조율하는 것이 중요하다. 작은 약속, 시간 준수, 기본 예의 같은 신뢰 요소는 직무관계를 지탱하는 토대다.

직무관계는 업무 수행을 위한 필수조건이고, 그 위에 형성되는 인간적 관계는 충분조건이다. 필요조건을 갖추지 못하면 인간적 호감도 오래 지속되지 않는다. 신입이 조직에서 빠르게 자리 잡기 위해서는 '좋은 사람'이 되기보다 '함께 일할 수 있는 사람'이 되는 것이 먼저다.

01.

조직이 직장인들에게
묻는 것

　직장인들 사이에서 화제가 된 「서울 자가에 대기업 다니는 김 부장 이야기」에는 조직이 직장인에게 던지는 냉혹한 메시지가 담겨 있다. 드라마에서 상무는 김 부장을 향해 이렇게 말한다.

　"너는 일을 한 게 아니라, 일을 한 척 한 거야."

　대기업에서 오랜 기간 근속해 부장 자리까지 오른 김 부장은 비교적 회사 생활을 잘해 온 사람이다. 그동안 그의 노력과 헌신은 조직과 상사와의 관계에 치중해 있었다. 상사의 요구와 지시에 자신의 시간과 에너지를 바쳤지만, 돌아온 평가는 "일을 한 척만 했다"는 말 한마디가 전부다. 조직은 결국 인간적인 정이나 충성심이 아니라, 성과와 책임을 기준으로 평가한다.

　드라마 속 대사는 또 다른 현실을 드러낸다. "한 회사에서 25년 정도 되면, 위에서는 어떻게 하면 자를지를, 아래에서는 언제 자리를 비울지 바라본다"는 것이다. 즉, 개인은 그동안의 근속과 헌신을 자산이라고 느끼지만, 조직은 어느 순간부터 오랜 근속을 비용과 리스크로 보기 시작한다. 그래서 많은 직장인들이 회사를 떠날 즈음 비슷한 감정을 경험한다. "이렇게까지 했는데도, 결국 남는 건 배신감과 허망함뿐이구나"라고 느낀다.

직장인의 생존 경쟁은 크게 두 단계로 나눌 수 있다. 첫 번째는 입사를 위한 진입(취업) 경쟁이다. 청년들이 더 나은 보수와 안정성을 가진 직장을 얻기 위해 대기업, 공공기관, 전문 자격증을 준비하는 이유다. 여기에 그 직장이 주는 사회적 평판이 더해진다. 이름 있는 회사에 다닌다는 것은 나와 내 일에 대한 설명을 상당 부분 생략하고 살아도 된다는 뜻이기도 하다. 명함 하나만 내밀어도 '그가 어떤 사람인지', '왜 이 자리에 있는지' 길게 설명하지 않아도 된다. 반면 프리랜서이거나 잘 알려지지 않은 중소기업에 다니는 사람은, 일보다 먼저 회사의 업력과 신뢰도, 자신이 어떤 사람인지, 상대 회사에 어떤 기여를 할 수 있는지에 대해 설명해야 한다.

두 번째는 입사 후 벌어지는 소위 체류(장기 근속, 승진) 경쟁이다. 과거 대기업과 공공기관은 규모와 직무의 다양성, 단계별 관리 계층이 잘 갖춰져 있어 상대적으로 체류 조건과 기간이 안정적이었다. 그래서 만년 부장, 만년 과장처럼 20년 안팎의 근속이 보장되는 경우가 많았다. 언론에 대규모 명예퇴직 기사가 나더라도 대상자는 대개 20년 이상 장기 근속자가 중심이었다. 그러나 최근 금융기관, 대기업 등에서 실시하는 희망퇴직은 10년 이상, 심지어 5년 이상 재직자까지 대상이 되고 있다. 한때 안정적인 직장을 대표했던 대기업과 금융기관의 평균 근속 기간이 이제는 일반 중소기업과 크게 다르지 않은 수준으로 변하고 있다. 이런 점에서 김 부장이 겪는 퇴직의 고통은 다른 직장과 지금 세대에 비해 상대적으로 행복한 축에 속한다고 볼 수 있다.

이제 직장인의 화두는 한 회사에서의 '근속 기간'이 아니라 노동 시장에서의 '체류 기간'으로 옮겨가고 있다. 더 이상 "이 회사에서 얼마나 오래 버틸 수 있는가"가 아니라, "지금의 조건, 혹은 내가 기대하는 조건으로 얼마나 오래 노동 시장에 머물 수 있는가(이직과 전직을 포함해)"를 스스로에게 물어야 하는 시대다. 연봉 1억 원을 받던 김 부장이 퇴사 후 마주하는 재취업 조건은 초라하다. 최저임금 수준에 가까운 월 200만 원대에 약간의 수당이 붙는 정도가 그가 마주한 현실이다. 그는 자신의 연봉과 직급이 실제 시장 가치와 이렇게까지 괴리가 있다는 상황에 현타를 경험한다. 앞으로 많은 직장인에게 근속 기간은 점점 짧아질 것이고, 보상은 얼마나 오랫동안 있었는가가 아니라 무엇을 기여했는지를 증명했는가에 따라 결정될 가능성이 크다. 결국 내 능력과 경력, 경험이 노동 시장에서 어떤 차별성과 교환 가치를 갖는지에 대해 스스로 끊임없이 질문해야 한다.

평소 경영 환경 변화가 크지 않을 때, 조직은 직원들의 사기와 안정성을 위해 질문을 자제하고 침묵을 유지한다. 하지만 경영 환경의 급격한 변화나 기술에 의한 대체가 본격화되면, 조직은 더 직접적으로 가치와 기여에 대해 증명을 요구한다. 과거에는 직장인들의 노력과 헌신이 조직과 상사를 향한 것이었다면 앞으로는 조직에 무엇을 기여했는지, 무엇을 기여할 수 있는지에 대해 설명해야 하는 시대다.

이미 미국을 중심으로 한 대형 IT 기술 기업들은 입사 지원자에게 "당신이 기여하려는 일이 앞으로 AI로 대체되지 않는다는 것을 입증하라"고 요구한다고 한다. 매년 연말, 승급과 승진이라는 사내 경력 사다리 앞에서 긴장하는 순간, 우리는 1년의 경험과 경력을 이력서(resume)로 증명해야 할지 모른다. 레주메(resume) 양식은 기존의 이력서와 달리 소속과 근속 기간이 아닌, 자신이 참여한 사업에서의 역할과 기여를 적는 것이다. 그 이력서에는 "당신은 여기서 얼마나 오래 있었는가"가 아니라, "있는 동안 무엇을 바꾸었고, 어떤 문제를 해결했으며, 어떤 역량을 가졌는지"를 증명하라고 요구한다. 이 질문에 답할 수 있는 사람만이, 진입 경쟁과 체류 경쟁의 간극이 좁아지는 현재의 노동 시장에서 자신을 지키고, 다음 기회를 만들어 갈 수 있을 것이다.

02.

제1의
사회법칙

1990년대 한국 사회는 IMF 외환위기로 극심한 혼란을 겪고 있었다. 기업의 공장은 멈추고, 실직자는 거리로 쏟아졌다. 혼란의 한복판에서도 기업들은 살아남기 위해 고군분투했고, 수출을 통해 활로를 찾았다.

그 시기, 국내 한 중소기업과 오랜 거래 관계를 맺어온 미국 바이어와의 일화가 있다. 한국을 처음 방문한 바이어는 회사의 재무 상태와 신용, 공장에서 생산되는 제품의 품질과 공정 관리 등 실사를 마친 후, 장기 납품 계약을 갱신하기로 했다. 중소기업 사장은 공식 일정을 마친 바이어에게 국내 주요 산업 시설과 문화유적지를 소개했다.

한국에서의 일정을 마친 바이어를 배웅하기 위해 공항 출국장에서 만난 바이어가 물었다.

"작은 국토, 부족한 자원, 많은 인구. 그런데도 한국이 이렇게 발전한 이유가 무엇입니까?"

대표는 잠시 머뭇거리다 짧게 대답했다.

"당신이 본 것처럼 우리는 국토도 작고 자원도 없이 사람은 많습니다. 그래서 우리는 서로 뜯어먹고 삽니다."

이 대답은 아이러니했다. 뛰어난 인적 자원에 대한 자부심과 동시에, 대기업과 중소기업 간 불공정 거래라는 구조적 모순을 함께 드러낸 말이었다. 그가 말한 '서로 뜯어먹고 산다'는 표현은 역설적으로 IMF 혼란 속에서도 상호 의존적이면서 교환이 가능한 사회적 시스템이 여전히 작동하고 있었음을 보여준다. (이 사례는 서울대 윤석철 교수의 학회지 기고문을 필자의 기억을 바탕으로 재구성)

당시 대기업과 중소기업의 불균형한 관계 속에서도 거래는 이어졌고, 사람들은 불리한 현실을 견디며 내일을 꿈꿨다. 그 힘은 어디에서 나오는가? 답은 바로 '인과의 법칙'이다. 인과의 법칙은 단순한 주고받기의 계산적 거래에 머물지 않는다. '뿌린 대로 거둔다'는 믿음, 노력은 언젠가 보답된다는 확신, 그리고 지금의 고통을 견디게 하는 미래에 대한 희망이다. 농부가 오늘 심은 씨앗이 내일 당장 열매 맺지 않음을 알면서도 흙을 고르고 물을 주는 이유와 같다. 인간 사회 역시 노력과 결과 사이의 '인과 지연'의 고통을 감수하며 살아간다.

그렇다면 왜 인과의 법칙이 '제1의 사회법칙'이라 불릴 만한가?

그 이유는 인과의 법칙이 사회를 떠받치는 신뢰의 토대이기 때문이다. 불균형 속에서도 제도와 규범이 균형을 회복할 것이라는 기대, 자신의 행동이 자신에게 되돌아온다는 책임감. 이것들이 사람을 견디게 하고, 조직을 버티게 하며, 사회를 움직이게 한다.

사람과 조직은 종종 불공정한 관계에 놓인다. 약자는 협상에서 손해를 감내해야 하고 강자는 이익을 독점한다. 그러나 인과의 법칙은 단기적 불평등 속에서도 장기적 균형을 가능하게 한다. 결국 어제의 내가 오늘의 삶을 만들었듯, 오늘의 내가 내일을 만든다는 믿음이다. 씨앗을 뿌리지 않는 자에게 열매는 없다. 반대로 오늘의 작은 선행과 성실함은 내일의 관계 자산과 성과로 되돌아온다. 이 단순하면서도 강력한 법칙 — 그것이야말로 인간 사회를 지탱하는 보이지 않는 질서이며, 우리가 '제1의 사회법칙'이라 부를 수 있는 이유다.

조직사회에서 인간관계란 인과의 법칙이 적용되는 구조적, 장기적 교환 구조이며, 신뢰·협력·의존·책임이 균형을 이룰 때 지속 가능한 성과와 사회적 자본이 만들어진다.

03.

악마의
친구가 되다

회사 생활을 하다 보면 누구에게나 '좋은 사람'이자 동시에 '악마 같은 사람'이 될 수 있다. 얼마 전 가까운 후배와 저녁 자리에서, 그런 일이 나에게도 벌어질 수 있겠다는 경험을 했다.

평소 가깝게 지내던 타 부서 동료는 내게 늘 성실하고 선한 사람으로 보였다. 그는 인사에서 승진이 늦었지만, 회사나 상사에 대한 불평을 한 번도 입 밖에 낸 적이 없었다. 내가 아는 다른 동료들에게도 그는 '좋은 사람'이라는 인식을 가지고 있어 나의 판단에 의구심을 가지지 않았다. 그런데 그날 후배로부터 들은 이야기는 전혀 달랐다. 그 동료가 부서 후배 직원에게는 '악마 같은 존재'라는 것이었다. 능력 있고 유쾌한 그의 후배는 결국 그로 인해 견디지 못하고 회사를 떠나기로 했다는 것이다.

나는 잠시 말을 잃었다. 내가 사람을 잘못 본 것일까, 아니면 관계라는 것이 그토록 복잡한 것일까. 사람에 대한 평가는 관계의 맥락 속에서 달라진다. 나에게 좋은 동료가 누군가에게는 견딜 수 없는 선배가 될 수도 있다. 관계의 성격, 맥락, 그리고 상호작용의 패턴이 다르기 때문이다.

철학자 마르틴 부버(Martin Buber, 1923)의 "나는 너를 통해 내가 된다"는 명제는 자아가 타자와의 관계 속에서 형성된다는 점을 드러낸다. 이는 인간이 고립된 실체가 아니라, 상호작용 속에서 자신을 이해하고 확장해 간다는 관계적 인간관을 대표한다. 또한 사회학자 마크 그라노베터(Mark Granovetter, 1985)는 '행동은 관계에 배태되어 있다'는 명제를 통해, 인간의 행위가 개인의 성격이나 의지뿐 아니라 관계망과 사회적 맥락의 영향을 받는다고 했다.

이러한 관점에서 볼 때, 우리가 흔히 말하는 '좋은 사람들 사이에서 발생하는 악마적 관계'는 개인의 본질을 규정하기보다는 특정한 관계 맥락 속에서 형성되었을 가능성이 크다. 다시 말해, 문제적 행동이나 갈등이 전적으로 개인의 성향에서 비롯되었다기보다, 두 사람 사이의 관계 구조와 상호작용 방식 속에서 증폭되어 드러날 수 있다는 것이다.

따라서 선과 악 역시 개인의 고정된 속성이라기보다, 관계와 상황 속에서 어떻게 표현되고 해석되는가에 따라 그 양상이 달라질 수 있다. 복잡한 이해관계와 갈등적이며 불평등한 관계에서는 사소한 마찰도 상대를 '악마처럼' 인식하게 만들 수 있다. 반대로 신뢰 관계에서는 동일한 행동에 대해 호의적이거나 긍정적으로 평가하기도 한다. 이러한 차이는 행동 자체보다, 그 행동을 둘러싼 관계의 질과 맥락에서 비롯된다.

조직 내에서 '악마적 관계'를 줄이기 위해서는 특정 개인을 문제시하기보다, 사람과 사람 사이의 관계 구조, 역할, 그리고 권력의 비대칭성을 함께 살펴보는 태도가 필요하다. 다만 이는 영화 〈밀양〉의 유괴 살인범이나 〈노인을 위한 나라는 없다〉의 시거와 같은 범죄자에게 적용되는 논의가 아니다. 즉, 범죄자의 나쁜 행동에 대한 평가를 면제하자는 것이 아니라, 인간관계를 기반으로 하는 조직 사회에서 갈등과 부정적 인식이 생성되는 관계적 조건을 성찰해 볼 필요가 있다는 것이다. 일반적인 조직 사회에서 중요한 질문은 '어떤 사람이 문제인가'를 묻기보다, 어떤 관계가 문제를 만들어 내고 있는가를 먼저 살피는 것이 보다 현실적인 노력이기 때문이다.

04.

타인의 시선,
거울 이론

왜 우리는 일요일과 월요일의 거울 앞에서 전혀 다른 시선을 마주하게 될까?

현대 사회의 거울은 물리적 거울에만 머물지 않는다. SNS의 댓글과 '좋아요', 직장 동료의 평가, 친구들의 반응, 심지어 검색창 자동완성까지 모두 나를 비추는 거울이 된다. 우리는 아침마다 거울 앞에 서서 스스로를 가꾸지만, 그 모습 속에는 이미 타인의 시선을 의식한 표정과 태도가 스며 있다. 라캉식으로 말하면, 우리는 늘 "누군가에게 비춰질 나의 이미지"를 먼저 상상한 뒤, 그 이미지에 자신을 맞춘다.

내면에는 수많은 타자들이 내재해 있고, 그들의 기대와 반응이 나를 구성한다. 이것이 사회적 자아다. 사회학자 쿨리(Cooley, 1864-1929)는 타인의 시선을 의식하고 그 기대에 맞춰 반응하는 과정을 '거울자아(looking-glass self)'라고 불렀다. 우리는 타인이 나를 어떻게 볼지 상상하고, 그 반응을 추측하며, 그 상상을 바탕으로 기쁨과 수치심을 느낀다. 가족이나 친구 같은 일차집단에서는 타인의 기대를 공유하며 소속감과 집단의식을 형성한다. 직장과 같은 이차집단에서도 계약적 관계라는 외형 속에서 타인의 시선과 암묵적 기대가 나의 행동과 자아를 끊임없이 조율한다. 결국 자아는 "타인이 나를 어떻게 볼까"라는 상상과 그에 대한 나의 반응이 켜켜이 쌓여 만들어진 사회적 구성물이다.

미드와 모리스(Mead & Morris, 1934)는 자아를 주관적 자아(I)와 객관적 자아(Me)로 구분했다. 내가 스스로 생각하는 '나(I)'와 타인의 시선 속에 자리 잡은 '나(Me)' 사이에는 항상 간극이 존재한다. 자아는 이 간극을 조율하면서 변화한다. 타인의 기대에 맞춰 역할을 조정하는 과정에서 우리는 타인의 시선을 의식하고, 그 반응을 예상하며, 스스로를 수정한다. 이 관점에서 자아는 고정된 실체가 아니라, 상호작용 속에서 계속 편집되고 재구성되는 존재다.

철학자 자크 라캉(Jacques Lacan, 1901-1981)은 자아의 기원을 거울 단계(mirror stage)로 보았다. 아기는 생후 몇 개월 무렵부터 거울 속 자신의 모습을 인식하기 시작한다. 어린아이의 신체적 행동과 인식은 아직 서툴고 분절되어 있지만, 거울 속 이미지는 하나로 통일되고 안정된 존재처럼 보인다. 라캉에 따르면 이때 아이는 "거울 속에 완전해 보이는 저 모습이 바로 나"라고 오인(misrecognition)하면서 자아를 형성하기 시작한다. 다시 말해, 자아는 처음부터 실제 자신과 이미지로

서의 자신 사이의 불일치, 이상화된 '나'와 불완전한 '나' 사이의 긴장 속에서 만들어진다고 한다.

오늘날의 SNS 프로필 사진, 직장 명함, 직급, 연봉은 모두 "이상적인 나(ideal-I)"를 투사하는 거울이다. 우리는 거울자아처럼 타인의 반응을 통해 자신을 인식할 뿐 아니라, 라캉이 말한 것처럼 이미지(상상)와 타자의 시선(상징)에 기대어 자신을 오해하면서 살아 간다. 따라서 현대인의 자아는 단순한 '사회적 조정의 결과'가 아니라, 타인의 기대와 시선, 그리고 스스로 만든 이상적 이미지 사이에서 끊임없이 불균형을 조율하는 불안정한 존재다.

조직과 직무 경험은 또 다른 거울을 제공한다. 같은 대학, 같은 학과를 졸업했더라도 공무원이 된 사람과 일반 기업에서 영업사원으로 살아가는 사람은 전혀 다른 사회적 정체성의 이미지를 형성한다. 공무원은 규범과 절차, 공적 책임의 가치를 내면화하고, 영업사원은 관계 형성과 성과, 설득과 실적의 가치를 내면화한다. 조직이라는 거울은 '너는 이런 역할을 수행하는 사람'이라는 이미지를 반영하고, 우리는 그 이미지에 자신을 맞추거나, 때로는 거부하면서 정체성을 형성해 나아 간다.

결국 자아는 한 번 완성되는 것이 아니라, 수많은 거울 앞에서 계속 조정되고 재구성되는 존재다. 우리는 타인의 시선을 의식하고, 그들의 기대를 반영하며, 동시에 그 시선을 넘어 '나 다움'을 만들려 한다. 타인의 반응에 그대로 따르기만 하면 자아는 단지 반사체로 남지만, 타인의 시선을 참고하되 거기에만 종속되지 않을 때, 우리는 조금

씩 자기만의 빛을 발하는 발광체로 서게 된다. 프랑스 철학자 사르트르(Sartre, 1956)가 말했듯, 타인의 시선은 나를 대상화하면서 동시에 나를 드러낸다. 라캉의 표현을 빌리면, 중요한 것은 그 시선 속 이미지에 갇히는가, 아니면 그 이미지와의 간극을 자각하고 그 틈에서 스스로를 다시 만들어가는 주체가 되는가 하는 문제다.

05.

자기공개,
Show & Tell

나와 남의 인식 차이를 어떻게 이해하고 조율할 수 있을까. 이를 간단히 확인할 수 있는 도구 중 하나가 바로 '조하리의 창(Johari's Window)'이다. 이 모델은 자기 인식과 타인 인식의 두 축(x, y)을 바탕으로 자아 영역을 네 개의 분면으로 구분한다.

테스트 방법은 간단하다. 자신과 주변 사람들이 '나의 특성'에 해당하는 형용사 55개를 선택한 뒤, 그 결과를 비교해 자신과 타인의 인식의 차이를 확인하는 방식이다.

먼저 개방 영역(Open area)은 나도 알고 타인도 아는 부분이다. 조직에서 이 영역이 넓다는 것은 역할과 기대가 명확하다는 뜻이다. "이 사람은 조정능력이 뛰어나다", "이 사람은 문제해결이 빠르다"라는 공통 인식이 형성되면 협업은 수월해 진다. 팀워크가 잘 작동하는 조직

일수록 개인의 강점과 역할이 암묵적으로 공유되어 있고, 불필요한 설명이나 변명이 줄어든다.

반면 눈먼 영역(Blind area)은 조직 갈등의 주요 원천이다. 나는 모르지만 타인은 알고 있는 이 영역에는 말투, 태도, 의사결정 방식이 포함된다. 본인은 소통을 잘하고 있다고 생각하지만, 주변에서는 독단적이라고 느끼는 경우다. 이를 줄이는 방법은 개방적 피드백이다. 안전한 피드백이 부재한 조직에서 눈먼 영역이 증대되고, 결국 관계와 소통 비용이 증가한다.

숨김 영역(Hidden area)은 자신은 알고 있지만 드러내지 않는 부분이다. 불안, 부담, 불만, 혹은 아직 말하지 않은 생각들이 여기에 속한다. 많은 조직에서 구성원들은 "괜히 말했다가 손해 보지 않을까"라는 계산 속에서 이 영역이 커진다. 질문하지 않는 신입, 침묵하는 팀원들, 숨김 영역을 줄이기 위해서는 말해도 괜찮다는 안전 신호, 즉 심리적 안전감을 제공해야 한다.

마지막으로 미지 영역(Unknown area)은 아직 누구도 알지 못하는 가능성의 공간이다. 위기 상황에서 갑자기 출현하는 리더십, 관리자의 역할을 맡으며 발견되는 재능이 여기에 해당된다. 미지 영역은 새로운 시도와 실패를 허용하는 환경, 역할의 유연한 변화가 가능 할 때 발현된다.

조하리의 창이 조직에 던지는 메시지는 개방 영역을 넓히고, 눈먼 영역을 줄이며, 숨김 영역을 완화하고, 미지 영역을 탐색하라는 것이다. 조직의 성숙도는 개인의 능력 합이 아니라, 이 네 영역을 어떻게 관리하느냐에 의해 달라진다. 조직은 사람을 바꾸기 위한 노력에 앞서 사람들이 서로를 인식하는 구조와 환경을 바꾸는 것이 보다 효과적이다.

심리학자 알트만과 테일러(Altman & Taylor, 1973)는 인간관계를 양파껍질에 비유하며, 점차 깊어지는 자기공개가 관계의 심화를 이끈다고 했다. 초기에는 가벼운 대화로 시작하지만, 시간이 흐르며 개인적 경험과 가치를 공유할 때 관계는 진정성과 신뢰를 형성해 간다.

이때 효과적인 전략이 바로 Show & Tell이다. Show는 경험·감정·가치관을 드러내는 자기공개 행위이고, Tell은 그 의미를 설명하고 공유하는 피드백 과정이다. 단순한 자기 자랑이 아니라 "나는 이런 경험을 했고, 그래서 이런 생각을 하게 되었다"고 말할 때, 상대는 나를 더 깊이 이해하게 된다.

이 원리는 개인적 관계뿐 아니라 조직사회에서도 동일하게 작동한다. 카멜리(Carmeli et al., 2010)는 상사가 자신의 실수나 배움, 가치관을 적절히 공개할 때 부하 직원의 신뢰, 몰입, 심리적 안전감이 높아진다고 밝혔다. 즉, 리더의 자기공개는 조직 내 심리적 안정성을 높이는 훌륭한 리더십 자원이 된다. 예를 들어, 부하의 실수 앞에서 "야, 나는 네 나이 때 세 배는 더 사고를 쳤어"라는 자기공개 행위는 체면중시 피드백에 비해 훨씬 효과적이다. 자기공개를 두려워하는 사람은 열린 영역이 좁을 수밖에 없다. 자신을 적절히 드러내고 타인의 시선을 받아들일 용기를 가진 사람은 열린 영역을 확장하며, 그만큼 대인관계도 확장되고 깊어진다.

커뮤니케이션 연구자 와츨라윅(Watzlawick, 1967)은 '인간 커뮤니케이션의 5가지 공리'에서 "커뮤니케이션은 사건의 연속을 어떻게 점화(구두점, punctuation)하느냐에 따라 다르게 해석된다"고 했다. 즉, 사람은 자신의 행동을 타인의 행동에 대한 반응으로 인식하고, 상대의 행동을 문제의 원인으로 간주하기 때문에 동일한 대화나 경험도 서로 다르게 해석하고 이해한다는 것이다. 이는 라쇼몽 효과(Rashomon Effect)처럼 하나의 사건을 여러 시점과 관점에서 다르게 인식하는 현상과도 같다. 주장과 의견의 차이를 드러내고(자기공개), 서로의 해석을 맞춰갈 때(피드백) 열린 영역은 커지고 상호 신뢰는 깊어진다.

Show & Tell은 자기공개를 통한 건강한 관계 구축의 과정을 구체화한 전략이다. 나를 드러내되, 상대를 존중하는 방식 — 이것이 바로 관계를 지속 가능하게 만드는 기본 원리다.

06.

대인관계 역량이 뛰어난
막내 사원

한 신입 막내 사원이 눈에 띄었다. 입사한 지 1년밖에 되지 않았지만, 대인관계 역량은 7~8년 차 선배와 견줄 만했다. 상사와 선배에게 의견을 제시하면서도 밉지 않았고, 동료나 계약직 직원들을 이끄는 태도가 남다르게 어른스러웠다.

이런 신입사원은 처음이어서 어떤 사람인지 궁금증이 들었다. 그와의 대화를 통해 알게 된 것은, 아버지가 기업 임원으로 재직 중이었고, 평소 사회적 대화의 기회가 많았다는 점이었다. 하지만 그런 배경을 가진 직장 동료나 후배는 여럿 있었기에, 그것만으로는 충분히 납득하기 어려웠다.

조금 더 시간이 지나서야 알게 된 사실이 있었다. 그의 어릴 적 꿈은 배우였고, 입사 전까지 실제로 연기 활동을 하며 배우의 길을 준비해 왔다는 것이다. 그제서야 그의 사람 관계에서 느껴졌던 '어른스러움'의 비밀이 풀렸다.

배우라는 직업은 대인관계, 리더십, 협업 등 사회적 역량을 훈련하는 대표적인 직업이다. 무대 위에서 맡은 배역을 이해하고, 대사와 감정을 재현하며, 상대 배우와 호흡을 맞추는 과정은 협업 능력과 즉흥 대응력을 요구한다. 리허설은 단순한 반복이 아니라 자기 표현과 관계 기술을 단련하는 훈련 과정이다. 메소드 연기(Method Acting)를 하는 배우가 배역의 정체성에 깊이 몰입한 나머지, 공연이 끝난 뒤에도 그 역할에서 벗어나기 힘들어 하는 이유도 여기에 있다. 그 역할이 곧 자아의 일부로 깊이 체화되었기 때문이다.

조직에서의 역할도 크게 다르지 않다. 직장에서 담당하는 역할은 책임과 의무가 부여된 구조적이고 공식적인 역할이다. 때로는 성격상 갈등을 피하고 싶더라도, 자신의 역할과 팀의 이해가 걸린 문제라면 타인과의 갈등과 마찰을 감수해야 할 때가 있다. 경우에 따라 의도적으로 갈등을 유발해 조직의 이익을 지켜야 할 때도 있다. 연극 무대라면 한 번의 실패로 끝날 수 있지만, 조직에서의 역할 실패는 관계와 신뢰에 치명적이다.

심리학자 반두라(Albert Bandura, 1977)는 사회적 학습이 관찰·모방·모델링을 통해 이루어진다고 했다. 직장에서도 선배와 리더의 행동을 보고 배우며, 피드백을 통해 내면화한다. 배우가 무대 위 배역을 탐구하고 연습하듯, 직장인도 자신의 역할을 반복적으로 연습하는 과정에서 대인관계 역량을 함께 개발한다.

실제로 많은 직장인이 중요한 프레젠테이션이나 고객 미팅을 앞두고 리허설을 한다. 발표 내용을 고객의 시선에서 바라보고, 예상 질문에 대비하며, 목소리와 표정까지 점검한다. 이는 배우가 무대를 앞두고 배역을 탐구하는 것과 같은 과정이다.

인간관계도 다르지 않다. 중요한 만남에서 운을 기대한다면, 결과는 우연에 맡겨질 수밖에 없다. 대인관계 역량은 타고난 외향적·개방적 성격이나 기질만으로 설명되지 않는다. 국내외 유명 배우나 개그맨 중에는 의외로 내향적인 사람이 많다고 한다. 하지만 이들은 자신의 기질과 다른 역할을 맡아도 훌륭히 소화해 낸다. 배우가 무대에서 배역을 준비하듯, 직장인은 관계라는 무대를 위해 끊임없이 역할을 탐구하고, 리허설하며, 피드백을 통해 성장한다.

좋은 배우가 배역을 통해 자신을 드러내듯, 조직인은 역할을 통해 자신을 대표하고, 인정과 신뢰를 쌓아간다. 조직에서 성공하는 사람은 타고난 성격 덕분이 아니라, 끊임없는 역할 학습과 훈련을 통해 관계 역량을 키운 사람이다. 좋은 배우가 배역을 체화하듯, 직장인은 역할을 통해 자신을 성장시킨다.

07.

너는 되고
왜 나는 안 되는 건데

직장인이라면 누구나 비슷한 경험이 있다. 같은 실수를 했는데도 누군가는 "요즘 바쁘지? 괜찮아, 다음엔 더 신경 쓰면 돼"라는 격려를 듣는다. 반면 다른 누군가는 "지금 몇 년 차인데 아직도 기본이 없네…."라는 질책을 받는다.

같은 실수에도 피드백의 온도가 다른 이유는 무엇일까. 정답은 인간관계의 역학에 있다. 인간이기에 피할 수 없는 심리의 작용이 조직 안에서도 루틴을 형성해 보이지 않게 작동한다. 문제는 이것이 한 번의 반응을 넘어 개인에 대한 평가와 새로운 일의 기회, 나아가 팀 전체의 성과에도 영향을 미친다는 점이다.

조직 내 인간관계의 힘은 절대적이다. 대표적인 장면이 바로 실패나 실수를 다루는 피드백이다. 관계기 가까운 직원에게는 실패의 원인을 외부 요인으로 돌린다. "다른 부서에서 협조하지 않는데 어쩔 수 없지"라는 식이다. 반면 관계가 소원한 직원에게는 동일한 실수가 개인의 책임으로 귀인한다. "내가 미리 챙기라고 했는데, 네가 생각이 없어서 이렇게 된 거잖아." 유사한 실수에 대해 한쪽은 '상황의 어쩔 수 없음'으로, 다른 한쪽은 '불성실함'으로 해석되는 것이다. 동서양을 막론하고 인간관계의 맥락은 다르지만, 관계가 평가와 피드백을 좌우한다는 사실 자체는 동일하다.

인간관계를 일종의 자산 관점에서 보면, '관계자산(relationship assets)'이라고 할 수 있다. 관계자산은 조직 구성원 간의 신뢰, 존중, 협력, 비공식적 정보 흐름, 네트워크에서 비롯되는 무형의 자산을 의미한다. 이는 단순한 '인맥'이 아니다. 관계자산은 비공식성·상호성·선별성이 전제된 인간관계의 집적물로서, 개인의 성과와 기회를 실질적으로 좌우한다.

관계자산은 하루아침에 만들어지지 않는다. 신뢰 형성, 정서적 교감, 상호 지원과 기여, 네트워크 확장의 반복 과정을 거치며 구축된다. 이 과정은 공식 문서나 제도로는 측정할 수 없지만, 실제로는 직장생활의 성패를 결정짓는 핵심 변수다.

따라서 "사람에 따라 기준이 다르다"는 푸념은 절반의 진실일 뿐이다. 정확히 말하면, 어떤 사건에 대한 차별적 반응은 사람에 따라 다른 것이 아니라 '관계자산'에 따라 달라지는 것이다. 즉, 기준이 없는 것이 아니라 다른 것이다.

차별적 반응은 불공정의 산물이 아니라 관계자산이라는 숨은 변수의 함수 관계다. 결국 "너는 되고, 나는 왜 안 되냐"라는 질문은 억울함의 토로가 아니라, 나의 관계자산이 이곳에서 얼마나 축적되어 있는지를 돌아보라는 신호로 읽어야 한다.

08.

동업자
의식

회사와 오랜 협력 관계를 맺은 중소기업이 있었다. 굵직한 외부 사업 제안과 수행에서 나름의 성과를 거두었다. 이들과 협력한 제안 성공률은 업계 평균을 훌쩍 뛰어넘는 40%대를 기록하기도 했다.

그들은 자신들의 평판을 활용해 경쟁과 협력 사이를 오가는 몇몇 대기업 담당자들과 비공식 모임을 구성하고 있었다. 이 모임은 업계 정보와 컨소시엄 구성을 사전에 조율하는, 일종의 비밀 독점 컨소시엄과 같은 역할을 했다. 그 중소기업은 오랜 기간 이 모임에 크게 의존해 왔다. 그러나 어느 시점부터인가 문제가 드러나기 시작했다. 그들과 함께한 핵심 사업에서 번번이 탈락했고, 수주 성공률은 10% 이하로 곤두박질쳤다.

회사는 이유를 찾기 위해 기존 수행 프로젝트의 고객, 자문 교수,

심사위원까지 면밀히 조사했지만 뚜렷한 원인을 발견하지 못했다. 그제야 문제의 뿌리가 대기업과의 '비공식적인 협력'에 있다는 잠정적 결론에 다다랐다. 협력 과정에서 자사의 전략과 강점이 모두 노출된 상태였고, 독자적인 제안조차 그들의 것이 아닌 공동 제안, 혹은 대기업 주도의 제안으로 평가되곤 했다. 결국 회사는 독자 노선을 택했다. 전략과 방법론을 처음부터 새롭게 세우고, 제안서의 문장 하나, 용어 하나까지 기존과 달리 쓰기로 했다. 초기에는 제안서가 너무 볼품없어 제출하기 민망할 정도였다. 그러나 직원들은 심사위원의 질문에 대한 근거를 마련하기 위해 책과 논문을 찾아 읽었고, 전문가 면담을 통해 내용을 보완했다. 이런 검토 과정을 거친 답변은 이전보다 훨씬 더 설득력과 진정성을 담게 되었고, 차츰 업계의 신뢰를 회복해 나갔다.

이 사례는 경영학 교재에 실릴 법한 집단사고(Groupthink)의 전형을 보여준다. 심리학자 어빙 재니스(Janis, 1972)는 집단사고를 "응집력이 지나치게 강한 집단이 합리적 판단을 잃고 잘못된 결정을 내리는 현상"이라고 정의했다. 그의 분석에 따르면 집단사고의 증상은 무적 환상, 합리화, 도덕적 확신, 외집단 고정관념, 자기검열, 만장일치 환상, 이견 억압, 정보 차단. 이렇게 8가지다.

이 중소기업의 사례는 이 여덟 가지 증상과 놀라울 만큼 일치했다. 우선, 업계 리딩 그룹과의 긴밀한 협력은 무적 환상을 강화했다. "우리는 업계의 주도권을 갖고 있다"는 자기 확신은 현실을 냉정하게 보지 못하게 했다. 전략과 강점을 대기업과 공유하면서도 이를 문제 삼지 않고 '협력의 당연한 대가'로 받아들였다. 내부에서는 이견을 제기하기 어려웠다.

강한 응집력은 곧 자기검열과 만장일치 환상으로 이어졌다. 침묵은 동의로 간주 되었고, 새로운 발상은 '불필요한 혼란'으로 치부되었다. 과거의 실적과 성공 경험은 정당성을 부여했고, 집단 내에서는 의심 없는 믿음이 지배했다. 그 결과 그들만의 제안 독창성과 차별성은 약화되었으며, 경쟁의 결과는 결국 기업 규모와 신용도 같은 외형적 조건을 갖춘 대기업의 몫으로 돌아갔다.

집단사고는 효율성과 응집력이 높은 집단에서 자주 발생한다. 구성원들이 같은 방향을 바라보고, 같은 목표를 향해 나아가는 모습은 '조직답다'는 평가를 받지만, 모든 것이 지나치게 매끄럽게 돌아가는 순간 내부의 비판적 사고는 사라진다.

실제로 이 중소기업은 독자 노선을 택한 뒤 초기에는 많은 시행착오와 좌절을 겪었다. 그러나 이 과정에서 직원들은 비판적 질문을 던지고, 근거를 찾아 연구하며, 외부 전문가와 연결했다. 이른바 '악마의 변호인(Devil's Advocate)' 역할을 집단 내부에서 스스로 만들어 낸 것이다. 이는 재니스가 제안한 집단사고 극복법과도 맞닿는다. 즉, 다양한 시각을 제도적으로 보장하고, 정보 차단을 막으며, 이견을 존중하는 절차적 장치가 필요하다는 것이다.

기업 경영에서 경쟁 파트너들과의 협력은 수주 가능성을 높이고 리스크를 분산하는 효과가 있다. 그러나 협력 속에서 전략과 자산을 모두 노출한 채, 집단사고의 함정에 빠지는 것은 위험하다. 집단의 응집력이 강할수록 조직은 스스로에게 비판적이어야 한다. 결국 중요한 것은 '함께 가는 힘'과 '다르게 보는 눈'을 동시에 유지하는 일이다. 동업자 의식은 기업을 결속시키지만, 집단사고는 새로운 변화 앞에서 기업을 한순간에 무너뜨리기도 한다.

효율성과 다양성, 응집력과 비판의 균형. 이것이야말로 오늘날 조직이 살아남기 위해 반드시 지켜야 할 생존의 원리다. 조직이 '같은 곳을 보는 눈'과 '다르게 보는 눈'을 동시에 가질 때, 변화와 위기 속에서도 새로운 입구를 찾을 수 있다.

09.

첫 인상

　내가 '인상'이라는 것에 대해 처음으로 깊이 의식하게 된 것은 사회 초년생 시절이었다. 첫 회사에 입사한 지 석 달쯤 되었을 때였다. 당시에는 토요일 반일 근무제가 남아 있어, 오전에는 회의와 사무실 정리를 마치고 점심을 함께하는 것이 일상이었다.

　어느 토요일, 사무실 대청소가 잡혔다. 과장과 대리가 차례로 마대 걸레로 바닥을 닦은 후, 마지막으로 내 차례가 되었다. 걸레를 헹궈야 하는 상황이었지만, 누구도 나서지 않았다. 나보다 직급이 낮은 선임 사원도 있었지만, 나는 망설임 없이 와이셔츠 소매를 걷어붙이고 양동이에 손을 담가 걸레를 빨았다. 그리고 다른 동료들에게 건네고 내 구역의 청소까지 마쳤다.

　그 사건 이후, 나를 대하는 주변의 분위기가 달라졌다. 점심 자리에서 동료들이 먼저 말을 걸어왔고, 저녁 술자리 초대도 잦아졌다. 그전까지 낯설고 서먹했던 관계가 조금씩 풀려갔다. 청소의 한순간이 동료들이 나를 바라보는 첫인상을 결정짓는 계기가 된 것이다. 그리고 그 사건은 내 내면에도 변화를 가져왔다. 본래 내향적인 성향이 강했지만, 이후 대인관계에서 좀 더 적극적으로 행동하는 사람이 되었다.

심리학자 애쉬(Asch, 1946)는 이를 설명할 수 있는 개념으로 초두효과(Primacy Effect)를 제시했다. 여러 정보 중 첫 번째 정보가 이후 정보보다 강한 영향을 미친다는 것이다. 이것이 첫인상 효과를 설명하는 주요 이론 근거가 되고 있다. 관련 연구에 따르면 첫인상은 5~7초 이내에 결정된다고 한다. 이때 단정한 복장, 깔끔한 외모, 자신감 있는 태도는 후광효과(Halo Effect)를 만들어 관계의 신뢰로 이어진다.

그러나 첫인상의 영향력이 절대적인 것은 아니다. 관계가 지속되면서 상대에 대한 새로운 정보, 능력과 성과, 반복된 교류가 인상을 바꿀 수 있다. 연구에 따르면 첫인상은 이후 주어지는 긍정적·부정적 단서와 경험에 의해 약 50% 내외의 변화가 따른다고 한다. 흔히 '미운 정, 고운 정'이라 하듯 자주 보고 함께하며 생기는 빈발효과(Frequency Effect)가 초기 인상을 바꾸기도 한다.

직장은 일회적 만남이 아니라, 장기적이고 구조적인 관계가 축적되는 곳이다. 따라서 한 번의 좋은 첫인상만으로는 충분하지 않다. 오히려 동료에 대한 호의적이고 협력적인 태도, 꾸준한 성과 창출, 역할에 대한 기여가 지속적인 좋은 인상을 만든다.

인상 관리란 단순히 외모를 꾸미는 차원이 아니라, 태도의 일관성 속에서 신뢰를 쌓아가는 과정이다. 미국 대통령 에이브러햄 링컨의 일화는 이를 잘 보여준다. 장관 후보를 추천받던 링컨이 어떤 인물의 얼굴이 마음에 들지 않는다며 거절하자, 추천자는 "얼굴은 부모가 준 것이니 얼굴로 평가하는 것은 부당하다"고 항의했다. 이에 링컨은 "마흔이 넘으면 자기 얼굴에 책임을 져야 한다. 마흔 이후의 얼굴은 그 사람의 삶과 태도의 결과이기 때문이다."라고 했다.

결국 인상은 타고난 외모뿐 아니라 삶의 태도와 관계의 방식이 만들어낸 산물이다. 행동에서 비롯된 태도가 얼굴에 드러나고, 그것이 곧 사회적 인상이 된다. 직장과 사회에서 살아가는 우리에게 필요한 것은 첫인상만이 아니라, 지속적으로 좋은 사회적 인상을 만들어내는 태도 에 있다. 조직에서 5초의 첫인상보다 5년의 태도가 더 깊은 신뢰를 만든다.

10.

태도

직장에 신입이나 경력사원이 들어오면 주변 동료들의 관심은 자연스레 그들에게 쏠린다. 이때 나오는 질문은 단순하다. 신입사원에게는 "그 친구 태도는 어때?", 경력 사원에 대해서는 "그 친구 어떤 사람이야?"라는 관심과 반응을 보인다.

특히 신입에게 능력보다 태도가 우선 평가 기준이 된다. 경력사원 역시 기본적인 능력은 이미 평가되었기에, 결국 중요한 것은 동일하게 태도이다. 조직에서 가장 긍정적인 평가를 얻는 태도는 성실함, 긍정적 마인드, 적극성이다. 반대로 가장 나쁜 평가는 부정적 태도, 오만함, 잘난 체, 책임 회피적 태도다.

우리가 타인에 대해 궁금한 것은 단순히 그가 무엇을 할 수 있느냐가 아니라, 나와 함께할 때 어떤 태도로 관계를 맺느냐이다. 관계에서의 태도는 상대방에게 직접적으로 드러나는 행동으로 나타난다. 결국 태도는 곧 행동이다.

심리학적으로 태도(attitude)는 특정 대상·상황·사람에 대해 가지는 일관된 심리적 경향성을 의미한다. 여기에는 세 가지 차원이 있다.

첫째, 인지적 차원이다. 어떤 대상이나 사람에 대한 생각과 믿음이다. 일종의 대상에 대한 가치 판단 영역이다.

둘째, 정서적 차원이다. 일종의 정서적 반응으로 흔히 '좋다', '나쁘다' 등 판단 영역이다.

셋째, 행동적 차원이다. 인지적, 정서적 태도를 통해 의도나 행동으로 보이는 영역이다. 우리가 흔히 태도라고 부르는 것에 가장 가까운 개념이다. 이 세 가지가 어우러져 태도라는 심리적 에너지를 형성해 행동의 강도와 지속성에 영향을 미친다.

따라서 태도는 행동의 전조이고, 행동은 곧 태도의 결과다. 조직행동에서는 태도의 공식을 다음과 같이 설명한다. Performance(행동·성과) = $(Ability \times Attitude)^2$의 공식은 성과가 능력과 태도의 곱의 제곱이라는 뜻이다. 능력은 지식, 경험, 기술 등으로 구성되며, 일정 수준 이상을 보유한 사람이 경쟁의 문을 통과하기에 보통 입사 동기들과 큰 차이가 나지 않는다.

그러나 태도는 다르다. 태도는 능력의 출구를 조절하는 '병의 입구'와 같다. 아무리 능력이 높아도 태도역량이 부족하면 관계와 성과에 장애가 된다. 반대로 성실하고 협력적인 태도는 능력 이상의 성과를 이끌어 낸다. 특히 주목해야 할 점은 능력은 보통 1 이상의 값을 가지지만 태도는 때로 음(-)의 값을 가질 수 있다는 것이다. 부정적 태도는 개인의 성과를 제한하는 데 그치지 않고, 팀 전체의 성과를 해칠 수 있다. 냉소, 무책임, 책임 전가 같은 태도는 협업의 흐름을 끊고 조직의 성과와 신뢰를 무너뜨린다.

그래서 직장에서 문제가 되는 것은 대부분 능력이 아닌 태도의 영역이다. 특히 신입사원에게는 이 부분이 더욱 중요하다. 능력은 시간이 지나야 제대로 평가받을 수 있다. 하지만 태도는 입사 초기부터 즉각적으로 드러난다. 긍정적 태도는 동료와 상사에게 신뢰를 얻고, 일의 참여 기회를 확보하며, 그 과정에서 능력을 입증할 기회를 만들어준다. 초기에는 능력보다 태도가 앞서야 하는 이유가 여기에 있다.

또한 좋은 태도는 몰입, 조직헌신, 조직시민행동으로 이어진다. 이는 자신뿐 아니라 동료와 상사에게도 긍정적인 영향을 미친다. 반대로 부정적 태도는 불평, 회피, 냉소로 나타나며 주변의 사기를 꺾는다. 태도는 개인적 특성을 넘어 조직 성과를 규정하는 핵심 변수다.

직장에서 요구되는 태도는 구체적이고 실천적이다. 조직 구성원은 각자의 역할과 책임을 맡는다. 그 역할과 책임에 대해 조직의 가치에 부합하고, 팀과 협력하며, 책임을 기꺼이 감당하는 당사자적인 태도야말로 직장인이 가져야 할 가장 기본 중의 기본이다.

결국 조직에서 중요한 것은 능력 그 자체보다 능력을 발휘하게 만드는 태도다. 성실한 태도는 내면적으로 인격의 핵심을 형성하고, 외적으로는 신뢰와 평판, 인상을 결정한다. 태도는 정체성의 언어이며, 메시지보다 강력한 인상을 남긴다.

11.

인간관계와
커뮤니케이션

　사람은 혼자서는 존재할 수도, 살아갈 수도 없다. 직장에서든 일상에서든 우리는 관계 속에서 살아간다. 그러나 인간관계는 단순하지 않다. 제도와 직위, 구조와 권위를 바탕으로 한 '공식적 관계'와 상호작용 속에서 자연스럽게 형성되는 '비공식적 관계'가 동시에 얽혀 있다. 이 둘은 구분되는 듯 보이지만, 실제로는 뫼비우스의 띠처럼 안과 밖이 맞닿아 하나의 면을 이루듯 동시적으로 작동한다.

　조직에서 인간관계와 커뮤니케이션은 이중 구조이자 하나의 과정이다. 이 복잡한 과정을 이해하는 데 단서를 제공하는 것이 바로 심리학자 폴 와츨라윅의 '인간 커뮤니케이션의 5가지 공리'이다.

　첫 번째 공리는 "사람은 커뮤니케이션을 하지 않을 수 없다"는 명제다. 말뿐 아니라 침묵, 무반응, 시선 회피까지 모두 메시지로 해석된다. 인간 존재 자체가 타인에게 끊임없이 신호를 발하는 '발광체'이자, 그 신호에 반응하는 '반사체'라는 뜻이다. 직장에서 한마디 말을 하지 않아도 태도와 행동은 이미 상대방에게 어떤 메시지를 보내고 있다. 그리고 이 신호들은 곧 개인을 평가하는 단서가 된다.

두 번째 공리는 "모든 커뮤니케이션은 내용 차원과 관계 차원을 포함한다"이다. 무엇을 말했는가보다 어떤 태도로, 어떤 관계에서 말했는가가 더 강력한 의미를 갖는다. 동일한 인사라도 진심이 담긴 미소와 형식적인 인사 사이에는 큰 차이가 있다. 메시지의 내용은 메신저의 태도에 따라 달라지며, 관계적 표현을 통해 더 뚜렷하게 드러난다.

세 번째 공리는 "관계의 성격은 커뮤니케이션의 구두점(발화점)에 달려 있다"이다. 즉, 원인과 결과를 어디에 두느냐에 따라 관계의 해석이 달라진다. "네가 그렇게 말했으니 내가 화난 거야"라는 발화는 책임을 타인에게 돌린다. 반대로 "내가 예민해서 그렇게 받아들였어"라고 말하면 자기 책임을 인정하는 발화로 관계는 훨씬 유연해진다. 책임의 방점을 어디에 찍느냐에 따라 관계의 성격이 결정된다.

네 번째 공리는 "인간 커뮤니케이션은 디지털(명시적 표현)과 아날로그(감정적 표현) 양식으로 이루어진다"이다. 말과 행동이 불일치할 때 상대는 혼란을 경험한다. "괜찮아"라는 말 뒤의 차가운 표정은 괜찮지 않음을 드러낸다. 결국 언어와 비언어의 일치야말로 인간관계의 신뢰를 만드는 기반이다. 이는 곧 진정성이라는 정체성의 확인이다.

다섯 번째 공리는 "커뮤니케이션은 대칭적이거나 보완적이다"이다. 상사와 부하의 관계는 지시와 수용이라는 보완적 관계로 작동한다. 동료와의 관계는 전문성과 영향력의 균형을 맞추는 대칭적 관계다. 중요한 것은 균형이다. 어느 한쪽이 지나치게 우위를 점하거나 종속될 때, 그리고 양보 없이 대립적일 때 관계는 쉽게 무너진다.

결국 인간관계는 커뮤니케이션의 순환 구조다. 우리는 의식하든 하지 않든 끊임없이 메시지를 주고받는다. 그 과정에서 '내가 생각하는 나(I)'와 '타인이 보는 나(Me)'의 간극은 좁혀지기도, 벌어지기도 한다. 이 간극을 줄이는 커뮤니케이션 과정이 곧 정체성의 형성이자 인간관계의 본질이다.

철학자 사르트르(Sartre)는 "타인의 시선은 나를 대상화한다"고 했다. 그 대상화 속에서 우리는 스스로를 성찰하고, 타인의 기대와 반응을 반영하며 자신을 새롭게 구성한다. 개인의 사회적 정체성은 고정된 실체가 아니다. 타인의 반응과 해석, 나의 태도와 선택이 메비우스의 띠처럼 얽혀 끊임없이 재구성되는 사회적 산물이다.

따라서 인간관계에서 중요한 것은 "나는 누구인가?"라는 질문이 아니라 "나는 관계 속에서 타인에게 어떤 사람으로 비추어지는가?"라는 질문이다. 직장 사회든 일상생활이든, 우리는 타인의 시선 앞에서 자신의 모습을 확인하며 타인의 기대와 나다움 사이에서 균형을 찾아간다. 결국 인간관계는 타인과의 지속적인 관계 순환 속에서 '나'를 만들고, 또한 타인과의 관계 형성에 영향을 미친다.

6부 커뮤니케이션

조직에서 커뮤니케이션이란 공동의 목표를 달성하기 위해 정보·의도·기대·우선순위를 명확히 조율하는 과정이다. 이는 단순한 말하기 기술이 아니라 역할 수행을 가능하게 하는 인지·해석·표현의 복합 구조다. 조직 커뮤니케이션의 특징은 네 가지가 핵심이다.

첫째, 목적 지향성이다. 정보와 감정을 전달하는 것을 넘어, 의도를 전달하고 목표나 업무를 효율적으로 수행하기 위한 것이다.

둘째, 수행과 책임성을 전제로 한다. 말은 곧 행동이자 약속이며, 보고·승인·지시라는 공식적 과정 속에서 작동한다.

셋째, 단어보다 맥락이 더 강하게 작동한다. 같은 말도 누가, 언제, 어떤 자리에서 말했는지에 따라 의미와 해석이 달라진다. 그래서 말의 명시적인 표현 뒤에 의미해석과 조율이 필요하다.

넷째, 조직의 권력 구조가 언어에 투영된다. 상사의 말과 신입의 말은 동일한 언어라도 받아들이는 무게와 영향력이 다르다. 조직에서 대화를 관찰해 보면 권력이 구체적으로 어떻게 작동하는지 이해할 수 있다.

커뮤니케이션은 직무관계·팀워크 전반에 직접적 영향을 미친다. 보고의 방식이 하나로 '신뢰할 수 있는 사람'이 될 수도 있고, 회의에서 한마디의 실언이 '맥락을 모르는 사람'이 되게 한다.

따라서 입사 초기 조직문화와 커뮤니케이션 문법에 이해가 부족한 신입의 커뮤니케이션은 짧고, 정확하게 말하기, 모르면 질문하기, 의도를 확인하고 정렬하기, 보고는 빠르고 간결하게, 상사의 언어를 해석하며 배우기, 비공식적 대화에서 맥락 읽기의 감각을 익히는 것이 필요하다.

01.

커뮤니케이션 교육,
왜 이렇게 많을까?

직장에 첫발을 들였을 때 가장 의아했던 점은 커뮤니케이션 교육이 너무 많아 보였다는 것이다. 당시 회사에서 운영하는 교육과정에는 협업, 회의, 보고, 발표, 공감 갈등 등 무려 10가지가 넘는 커뮤니케이션 교육이 있었기 때문이다.

그러나 이 의문은 3년 후 외국계 한국법인의 교육을 담당하면서 해소되었다. 고객사의 인사부장은 커뮤니케이션 교육에 대해 이렇게 말했다. "조직의 구조와 제도가 몸의 골격이라면, 커뮤니케이션은 근육과 관절이다. 조직이 제 역할을 하려면 골격만으로는 부족하고, 근육과 관절이 있어야 비로소 움직임과 방향을 조절할 수 있다. 즉, 커뮤니케이션이 곧 조직을 조직답게 만드는 핵심 과정이다."

관련 연구 역시 이를 뒷받침한다. 캐널과 스웨인(Canale & Swain,

1980)은 커뮤니케이션 역량을 언어적·사회적·전략적 능력을 포함한 총체적 역량으로 정의했다. 민츠버그(1973)는 실증연구를 통해 관리자 활동 중 70% 이상이 커뮤니케이션과 관련된다고 밝혔다. 사회학자 푸트남과 니코테라(Putnam & Nicotera, 2009)는 아예 조직 커뮤니케이션을 '조직 자체를 구성하는 과정'이라고 주장했다. 즉 커뮤니케이션을 조직을 구성하고 운영하는 핵심 수단으로 본 것이다.

커뮤니케이션 역량을 구성하는 요소는 크게 지식, 기술, 태도로 나눌 수 있다. 버거(Berger, 1997)는 주제에 대한 지식이 풍부할수록 메시지의 명확성과 설득력이 높아진다고 강조했다. 매크로스키(McCroskey, 1997)는 대화 동기가 높은 사람일수록 새로운 관계 형성과 성과 향상에 유리하다고 했다. 이런 점에서 조직 커뮤니케이션 역량은 전문성, 문제해결 능력, 대인관계 형성 능력을 포함한 총체적 역량이라는 캐널과 스웨인의 주장이 타당성을 가진다.

현상학적 관점에서 커뮤니케이션은 정보 전달과 교환을 넘어 '존재 확인'과 '의미 공유'의 행위로 본다. 언어·비언어·침묵 모두가 '나'와 '너'를 잇는 다리이며, 그래서 커뮤니케이션 역량은 기술이 아니라 타자에게 열려 있는 태도에서 출발한다. 우리는 대화를 통해 서로의 존재를 발견하고 인정하는 인간이 관계를 형성하는 핵심 실천 수단이다. 우리는 대화를 통해 서로의 세계를 빌려 살고 있으며, 커뮤니케이션은 곧 상호 존재를 확인하는 과정이다.

기업들이 막대한 비용과 시간을 투입해 커뮤니케이션 교육을 실시하는 이유도 여기에 있다. 이는 스피치 스킬이나 회의, 협상 등 기능적 효율을 넘어 조직의 직무 단위와 기능을 연결하는 근육을 강화하는 훈련과 같다. 이를 통해 개인을 팀과 조직으로 연결하고, 분산된 기능을 하나의 흐름으로 통합하기 위한 것이다.

02.

이중구속이론,
세대 커뮤니케이션

"성적만 좋으면 하고 싶은 거 다 해라." 대학 입시를 앞둔 자녀에게 부모가 흔히 던지는 말이다. 하지만 정작 성적 향상을 위해 일상의 모든 것을 관리한다면, 자녀는 자유와 구속이 동시에 주어진 역설적 상황에 갇힌다.

이는 미국 인류학자 그레고리 베이트슨(Gregory Bateson)이 지적한 이중구속(Double Bind)의 전형이다. 말로는 자유를 주지만 실제로는 통제하는, 출구 없는 대화의 함정이다. 조직사회에서도 다르지 않다. 팀장이 "자유롭게 아이디어를 내라"고 주문해 놓고, 애써 제출한 의견에 대해 회의 자리에서는 "현실성이 없다"며 핀잔을 주는 경우를 흔히 본다. 이때 구성원들은 아이디어를 내도, 내지 않아도 비난받는 진퇴양난의 상황에 빠진다. 이런 상황이 반복되면 소통은 '의견과 창의성

촉진'이 아니라 '위험 회피'의 소통 무력감에 빠진다. 소통경영의 한계가 바로 이 지점에서 드러난다.

이중구속의 본질은 메시지의 모순이다. 표면적 메시지와 암묵적 기대가 충돌할 때, 수신자는 어떤 선택을 해도 자유롭지 못하다. 문제는 이런 구조가 단순히 개인의 답답함으로 끝나지 않고, 조직의 혁신 역량을 갉아먹는다는 점이다. 발언의 자유가 보장되지 않는 환경에서 누가 새로운 아이디어를 낼 수 있겠는가. 오늘날 이 문제는 특히 세대 간 커뮤니케이션에서 두드러진다.

최근 조직에서 X세대는 관리자와 리더로서 약 30%의 비중을 차지하며 조직의 운영질서 유지와 비즈니스의 지속성을 담당한다. 반면 MZ세대는 70% 내외의 비중으로 비즈니스의 창의성과 변화를 주도한다. 문제는 세대 공존의 불가피성이다. MZ세대가 직장에서 성장하려면 윗세대의 권한 구조 속에서 관계를 형성해야 하고, X세대는 변화하는 비즈니스와 기술의 속도를 따라잡아야 한다.

세대 간 커뮤니케이션의 해법 중 하나는 메타커뮤니케이션(meta-communication)이다. 이는 무엇을 말하느냐보다 어떻게 말하느냐를 서로 확인하는 대화 방식이다. 일종의 대화 주파수 또는 프로토콜 맞춰 서로 다른 세대의 언어를 번역하는 기술이다. "요즘 MZ세대는 이런 걸 어떻게 표현하나요?"라는 상사의 질문, "이 보고서 양식이 문제가 될 소지가 있는지 한번 봐주세요."라는 팀원의 요청은 그 자체로 세대 간 언어적 조율이자 오해를 줄이는 장치가 된다.

많은 조직에서 세대 간 커뮤니케이션의 이중구속 상황은 피할 수 없는 장벽처럼 보인다. 그러나 이를 갈등의 씨앗으로만 볼 필요는 없다. 출구 없는 방처럼 보이는 구조도, 서로의 언어를 해석하고 상호간의 요구와 기대를 명확히 하는 노력을 통해 출구로 전환될 수 있다. X세대와 MZ세대의 공존은 숙명이다. 차이를 갈등이 아닌 자산으로 전환할 수 있는가가 조직의 성패를 가르는 핵심 요소가 된다. 해답은 의외로 단순하다. 서로의 주장 속에서 정답을 찾기보다, 서로의 언어를 번역하고 존중하는 것. 그래서 이중구속의 함정을 넘어설 때, 세대 간 신뢰와 창의적 협력은 비로소 가능해진다.

03.

턴테이킹,
커뮤니케이션 빌런

조직 내 갈등의 상당수는 '일' 때문이 아니라 '말' 때문에 발생한다. 말로 인한 갈등은 크게 세 가지 원인에서 비롯된다.

첫째, 목표와 의미의 차이다. 이해관계가 서로 다르면 입장은 필연적으로 대립적이고 긴장을 유발한다. 이때 상호 간에 조정과 합의 없이 발언이 이어질 경우 갈등은 불가피하다.

둘째, 말투와 태도다. 같은 내용이라도 비언어적 태도나 말의 억양이 관계를 훼손할 수 있다. 이때 말투는 단순한 대화 방식이 아니라 사람에 대한 태도로 읽히며 감정과 오해를 불러일으킨다.

셋째, 대화 질서의 붕괴다. 대화는 발언 순서와 흐름을 공유하는 암묵적 규칙 위에서 유지되는데, 이를 깨뜨리는 순간 말과 감정이 얽히며 갈등이 증폭한다. 이러한 발화의 규칙을 설명한 개념이 바로 턴테이킹(turn-taking)이다.

삭스(Sacks et al., 1974)에 따르면 턴테이킹은 발화자들이 언어적·비언어적 신호를 통해 '누가, 언제, 얼마나 말할 것인가'를 조율하는 상호작용 규칙 체계다. 교통질서의 붕괴가 사고로 이어지듯, 턴테이킹이 무너진 대화는 곧 신뢰와 관계의 파괴로 이어진다.

조직 내에는 턴테이킹을 무시하는 '커뮤니케이션 빌런'이 존재한다. 이들은 대략 3가지 유형으로 나뉜다.

첫째, 발언권을 독점하는 '마이크 독점형 빌런'이다. 이들은 상대의 발언 기회를 빼앗고 균등해야 할 대화의 균형을 무너뜨린다. 결과적으로 다른 구성원들의 대화 참여 동기를 약화 시키고, 집단 의사결정을 왜곡시킨다.

둘째, 대화 주제를 이탈시키는 '논점 산만형 빌런'이다. 이들은 합의된 의제를 무시하거나 회의를 원점으로 되돌리며, 논의에 대한 무력감을 불러와 동료들의 대화 에너지를 고갈시킨다.

셋째, 상대를 조롱하거나 냉소하는 '무시형 빌런'이다. 이는 단순한 대화 기술의 문제가 아니라 상대의 체면(face)을 위협하는 행위로, 특히 후배 직원에게 심각한 인격적 상처를 주고 조직 몰입도를 떨어뜨린다. 이들은 대화의 흐름을 파괴하는 '언어의 난폭 운전자'와 같다. 이에 대해 고프먼(1967)은 대화에서의 체면 손상 행위(face-threatening act)가 관계적 신뢰와 협력을 크게 저해한다고 지적했다.

그렇다면 해법은 무엇일까?

첫째, 발언 규칙의 사전 설정이다. 회의 전에 발언 순서, 시간, 방식에 대한 최소한의 규칙을 정해두면 빌런의 충동적 개입을 줄일 수 있다.

둘째, 회의 내 역할 분담이다. 발언 기록자, 시간 조율자, 분위기 조정자 등 보조 역할을 두어 빌런의 독주를 견제할 필요가 있다.

셋째, 빌런 행위의 기준을 반복적으로 상기시키는 것이다. 발언 태도와 대화 질서에 대한 기본 규범을 지속적으로 공유하고, 리더가 이를 앞장서 지켜내야 한다.

조직 커뮤니케이션의 성패는 빌런을 방치하느냐, 제어하느냐에 달려 있다.

좋은 팀은 발언의 공정성을 확보하고, 대화의 질서를 존중하며, 참여의 균형을 만들어 낸다. 회의 주체자는 빌런의 개입이나 논점 이탈 시 적절한 턴(turn)을 활용해 본래의 주제를 벗어나지 않도록 조정해야 한다. 턴테이킹은 상호 대화의 문법이자 관계 신뢰의 신호다.

최재천 교수는 피에르 쌍소의 『대화를 한다는 것』의 추천사에서 이렇게 말했다.

"인간은 남의 이야기를 듣고, 자신이 말할 차례를 기다릴 줄 아는 거의 유일한 동물이다. 침묵을 배우고 수다를 자제하며, 서로에게 상냥하고 현명한 울림판이 되어줘야 한다."라고….

좋은 대화는 말을 많이 하거나 잘하는 사람이 아니라, 상대의 말을 울림으로 바꿔주는 사람이 만든다. 이런 점에서 대화는 직선이 아니라, 반복과 상호 피드백을 통해 깊이를 더해가는 나선형에 가깝다.

04.

커뮤니케이션이
질서를 만든다

  조직과 집단은 위기적 상황이나 높은 불확실성에 직면하면 긴장과 불안에 휩싸인다. 이러한 상황은 종종 책임 회피 심리와 결합해 집단 침묵으로 이어진다. 겉으로는 갈등을 피하는 것처럼 보이지만, 침묵은 당면한 문제 해결을 지연시키고 혼란을 심화시킨다.

  이 문제에 대해 대화의 전략적 역할을 제시한 대표적 학자가 알버트 메러비안(Albert Mehrabian)과 칼 웨익이다. 메러비안은 비언어적 단서의 중요성을, 웨익은 센스메이킹 — 즉 의미 재구성을 통한 질서 찾기 — 를 강조했다.

  메러비안의 연구는 널리 알려진 '7-38-55 법칙'에서 출발한다. 그의 실험은 참가자에게 '좋다'라는 단어를 들려주면서 화난 얼굴을 보여주거나, '싫다'라는 단어를 말하며 웃는 얼굴을 보여주는 방식으로 진행됐다. 그 결과 메시지 해석(단서 찾기)에 있어 단어의 비중은 7%, 목소리 톤 38%, 표정 55%로 나타났다. 이 결과는 흔히 말은 7%, 나머지 93%는 비언어로 오해되지만, 메러비안의 의도는 '감정과 태도 해석'에서 비언어적 단서가 어떻게 활용되는지를 확인하는 데 있었다. 연구 결과에 따르면 정보 전달은 언어가 중심이지만, 메시지 해석이 모호한 상황에서 표정, 억양, 몸짓 같은 비언어적 신호가 중요한 핵심 단서가 된다는 것이다.

반면 웨익은 "혼란 속에서 사람들은 어떻게 의미를 찾는가"라는 질문에 주목했다. 그의 센스메이킹 이론은 다음의 네 단계를 제시한다. 첫째, 단서 추출 - 상황 속에서 눈에 띄는 정보를 포착한다. 둘째, 의미 구성 - 단서들을 엮어 상황에 대한 해석을 만든다. 셋째, 행동 수행 - 집단 차원의 해석을 토대로 행동한다. 넷째, 피드백 반영 - 결과를 평가해 의미를 수정한다. 예컨대 조직이 위기에 처했을 때, 회의에서 공유되는 고객 반응이나 시장 정보가 '단서'가 된다. 이 단서들을 엮어 새로운 문제 해결의 내러티브를 만들고, 그에 따라 조직의 행동 방향이 새롭게 정해진다. 웨익에게 대화란 단순한 정보 전달이 아니라, 혼란을 질서로 바꾸는 집단적 인지 문제 해결 전략이다.

두 접근법은 모호하고 불확실한 상황에서 대화가 문제 해결의 핵심 전략이라는 점에서 공통점을 갖는다. 대화와 비언어적 단서를 통해 개인은 메시지의 모호함과 불안감을 해소하고, 조직은 문제해결의 방향성을 탐색한다. 차이점은 메러비안은 비언어적 감정 해석에 주목한 반면, 웨익은 집단적이고 지속적인 의미 재구성 과정에 주목했다. 전자가 비언어적 감정 표현을 '읽는 기술'이라면, 후자는 정보 단서를 '엮는 기술'이라 할 수 있다.

결국 조직 커뮤니케이션의 본질은 모호하고 불확실한 상황을 해석해 혼란을 질서로 바꾸는 전략적 행위에 가깝다. 메러비안의 연구는 모호함을 해석하는 단서로서 비언어 신호의 중요성을 보여주고, 웨익(1995)의 센스메이킹 이론은 단편적 정보와 단서들을 엮어 집단적 내러티브로 전환하는 과정을 설명한다.

불확실성과 긴장은 누구에게나 고통스럽지만, 이를 적극적인 대화로 전환할 때, 새로운 의미와 질서를 창출하는 기회로 바뀐다. 오늘날 기업과 조직은 급변하는 시장과 예측 불가능한 사건들 속에 놓여 있다. 이때 필요한 것은 일방적 지시와 침묵이 아닌 상호 대화의 촉진이다. 눈빛과 표정에서 신뢰를 읽고, 단서와 이야기를 엮어 의미의 흐름과 방향을 세우는 것 — 이것이야말로 위기 속에서 조직이 생존하고 혁신할 수 있는 길이다. 이때의 대화는 단순한 언어 행위가 아니라, 불확실성을 기회로 바꾸는 지적·정서적 전략이 된다. 대화의 힘은 단어보다 정보와 신호를 단서 삼아 연결하는 데 있다.

05.

소통의 기술은
긴장과 이완의 조율에 있다

직장에서 상사나 인사, 감사 부서의 면담 요청을 받으면 사전에 대화 내용을 알지 못하는 상태에서 불안감이 먼저 앞선다. 이유는 이들이 자신에 대한 평가나 감사 권한을 가진 대상 혹은 부서이기 때문이다. 대화의 내용보다 관계의 메시지에 긴장과 불안이 작동하고 있는 것이다.

왓즐라윅은 "모든 커뮤니케이션은 내용(content)과 관계(relationship)의 측면을 동시에 포함한다"고 말했다. 같은 말이라도 상사의 입에서 나오는 말과 동료가 던지는 말의 무게가 다르게 느껴지는 이유가 바로 여기에 있다. 즉, 말은 내용 이전에 관계의 신호로 해석된다.

능숙한 커뮤니케이터는 긴장과 여유의 리듬을 자연스럽게 조율할 줄 안다. 그는 상대의 시선과 표정을 읽으며, 언제 말을 멈추고 언제 강조해야 하는지를 안다. 필요할 때는 긴장을 높여 주의를 환기시키되, 적절한 순간에 여유를 만들어 대화의 흐름을 부드럽게 이끈다. 특히 상대에게 말할 '쉼표' 같은 여백을 만들어줄 수 있는 사람이 진짜 대화 고수다. 대화의 흐름은 말의 속도보다 멈춤의 순간에서 완성된다. 흥미롭게도 사람들은 대화가 끝난 후 말의 내용보다 그 순간 느낀 분위기와 정서의 잔향을 더 오래 기억한다. 이와 같이 대화나 경험 속에서 '무슨 일이 있었는지'보다 '그때 어떤 감정을 느꼈는지'가 더 오래 남아 이후의 인식·판단·관계에 영향을 미치는 것을 정서기억(emotional memory)이라고 한다.

대화의 기술은 결국 말솜씨가 아니라, 상대의 감정을 인식하고 긴장과 이완의 리듬을 얼마나 섬세하게 다루느냐에 달려 있다. 긴장만 있으면 경직되고, 이완만 있으면 흐트러진다. 두 요소가 균형을 이룰 때 비로소 대화는 단순한 전달을 넘어 의미 전환과 합의의 장으로 발전한다.

이런 점에서 대화는 곧 관계의 온도이기도 하다. 너무 뜨거우면 불편하고, 너무 차가우면 단절된다. 온도는 상대의 존재를 어떻게 인식하느냐에 따라 달라진다. 긴장은 관계의 진지함을, 이완은 관계의 신뢰와 안전감을 제공한다. 따라서 좋은 대화는 이 두 감정이 교차하며 만들어내는 타이밍의 예술과 같다. 실제로 탁월한 리더들은 중요한 보고나 면담에서 처음엔 긴장을 조성해 집중도를 높이고, 이후 부드러운 언어와 미소로 분위기를 이완시킨다. 이 과정을 통해 구성원은 자신이 평가받는 대상이 아니라 함께 문제를 해결하는 파트너로 인식해 수용과 참여를 촉진한다. 이런 대화는 상대의 자존감을 지키면서도 메시지의 방향성과 명확성을 잃지 않도록 한다.

결국 직장 내 대화의 성패는 어떤 말을 하느냐보다 긴장과 이완의 흐름 속에서 어떻게 말하느냐에 달려 있다. 긴장과 이완을 교차시키는 흐름과 리듬 속에서 대화는 단순한 내용 전달을 넘어 상대에 대한 신뢰와 설득의 온도 차이를 만들어낸다. 내용보다 느낌이, 단어보다 분위기가 오래 남는 대화라면 그 다음 단계의 협력은 이미 약속된 것이나 다름없다. 긴장으로 주의를 집중하고, 이완으로 마음을 여는 사람. 그가 바로 대화를 통해 관계를 움직이는 진정한 커뮤니케이터다.

06.

소통,
참여가 성과다

　많은 직장인이 가장 비효율적인 업무로 회의를 꼽는다. 위에서 내려온 결정을 일방적으로 전달받는 자리로 인식되기 때문이다. 구성원들은 이러한 회의에 무력감을 느끼고, 리더는 구성원들 의견을 끌어내려 애써도 침묵을 깨기 어렵다. 결국 논의는 리더의 의견이 회의의 결론이 되고, 회의실을 나서는 직원들의 뒷모습에는 역할만 나눠줬을 뿐 책임은 공유되지 않았다는 허탈감이 묻어난다.

　침묵이 발생하는 이유는 상황에 따라 세 가지로 나눌 수 있다. 첫째, 동의의 침묵이다. 굳이 보탤 말이 없는 수용의 신호다. 둘째, 관망의 침묵이다. 상황을 지켜보는 유보적 태도로, 분위기에 따라 참여로 전환될 수 있다. 셋째, 저항의 침묵이다. 불신과 갈등이 깔린 상태로, 조직의 동력을 잠식하는 가장 위험한 침묵이다.

리더에게 중요한 것은 침묵을 '의견 없음'으로 치부하지 않는 일이다. 침묵을 단순한 무응답이 아니라 하나의 '입장'으로 간주하고 그 의미를 읽어야 한다. 질문·피드백·비공식 대화를 통해 침묵이 의견으로 전환될 기회를 열어야 한다. 이는 단순히 침묵을 깨라는 것이 아니라 침묵 속에 숨겨진 의견과 신호를 읽어내라는 메시지다.

회의 문화를 바꾸는 핵심은 참여 동기를 만드는 것이다. 주제의 중요성과 긴급성을 분명히 밝혀 관심을 끌어내고, 질문과 피드백으로 공감대를 형성하며, 자발적 의견 제시로 이어지도록 해야 한다. 이 과정에서 신뢰받는 팀원이 초기 발언을 주도하도록 분위기를 조성하는 것도 효과적이다. 이때 리더가 주도하기 보다 영향력 있는 동료의 참여적 의견이 팀 분위기를 형성하는 데 긍정적 영향을 발휘한다.

Harvard Business Review(2017)에 따르면, 회의에서 발언 비율이 높은 팀원이 프로젝트 성과의 기여도에서 평균 25% 더 높다고 한다. MIT Sloan Management Review(2019)에서는 상향식 아이디어 제안 구조를 갖춘 팀의 문제 해결 속도가 평균 32% 더 빠르다고 밝혔다.

침묵이 많을수록 회의는 리더 중심으로 흐르고 다양성은 줄어든다. 그러나 침묵을 읽고 활용할 수 있다면 회의는 달라진다. 구성원의 주의와 공감을 바탕으로 자발적 의견이 흘러나오는 순간, 회의실은 지시의 공간에서 협력의 장으로 바뀐다. 결국 성공적인 회의는 말의 양이 아니라, 침묵을 어떻게 해석하고 전환하느냐에 달려 있다.

07.

상향 커뮤니케이션,
내용이 아닌 태도

　조용하던 사무실에서 갑자기 상사의 큰 소리가 울렸다. 구두 보고 과정에서 후배의 한마디가 원인이었다. 상사가 보고 내용에 한마디 지적하자, 후배가 "그건 팀장님이 잘 모르셔서 그러신 건데요…"라는 말이 화를 불렀다. 상사는 "내가 잘 모른다고 치자. 그렇다면 당신은 제때 정확히 보고했나?"라며 5분간 일방적으로 후배를 몰아붙였고, 사무실 공기는 순식간에 얼어붙었다. 이 사례는 상향 커뮤니케이션이 단순한 정보 전달을 넘어 태도를 드러내는 행위임을 보여준다.

　보고는 규정에 따른 절차적 의무이자, 긴급 상황에서는 즉시 이뤄져야 하는 행동이다. 대개 하급자가 상급자에게, 혹은 개인이 회의체 앞에서 수행하는 형식이다. 흥미로운 점은 내용이 비슷해도 어떤 사람은 지적을, 어떤 사람은 칭찬을 받는다는 사실이다. 이 차이는 보고가 '무엇을 말했는가'보다 '어떻게 말했는가'에 달려 있음을 말해준다. 보고는 곧 태도이며, 보고자의 말투·방식·보고 타이밍은 평소 상사를 어떻게 인식하며, 그 관계를 어떻게 규정하는지까지 드러내는 관계적 메시지로 해석된다.

보고 내용에는 문제 인식과 대응 방안에 대한 태도가 스며 있다. 대응이 소극적이거나 책임 회피적인 태도를 보이면, 상사는 보고자의 진정성에 의구심을 가질 수밖에 없다. 따라서 보고는 단순한 내용의 나열이 아니라 '내가 이 일을 얼마나 책임있게 생각하는지', '상사에 대한 평소의 태도가 어떤지', '조직에 대한 나의 태도는 무엇인지'를 드러내는 통합적 행위다. 그래서 구두 보고는 설명은 간결하게, 책임과 해결 의지는 분명하게 전달해야 한다. 이런 점에서 보고는 상사의 눈높이에 자신의 역할과 책임을 정렬하는 전략적 행위이자 자기인식의 표현이기도 하다.

상향 커뮤니케이션은 보고·지시의 전달을 넘어 조직을 움직이는 핵심 정보 소통 체계다. 이 체계가 원활히 작동하지 않으면 조직의 기능과 효율성에 심각한 차질이 생긴다. 관련 연구에 따르면, 상사에게 자발적으로 피드백을 구하는 직원의 자기효능감과 직무만족도가 더 높았다고 한다. 또한 조직 내 중요한 문제를 상향으로 제기할 수 있는 사람이야말로 학습과 혁신의 촉매가 된다고 주장했다(Argyris & Schön, 1978). 다른 연구들에서도 상향 커뮤니케이션 역량이 뛰어난 직원은 조직 내 핵심 인재로 인식될 가능성이 높고, 고성과 집단에 속할 확률 역시 커지는 것으로 나타난다. 이는 보고 행위가 스킬을 넘어 성과·신뢰·관계의 질 전반에 영향을 미치는 결정적 요인임을 의미한다. 실제로 상향 커뮤니케이션 능력은 직무성과, 승진 가능성, 스트레스 감소, 직무만족도 향상과도 긴밀히 연결된다.

흥미로운 것은 상사가 부하의 능력을 평가하는 우선순위다. 조직행동 연구에 따르면, 상사의 부하 평가에서 첫 번째 평가 요인으로 부하의 상향 커뮤니케이션 역량을 꼽는다. 그 다음이 관계와 안정감, 업무역량 순이다. 따라서 능력이 뛰어나도 상향 커뮤니케이션에 문제가 있으면 평가나 성과에서 기회가 제약된다. 결국 상사의 신뢰를 얻고 새로운 도전에 접근하기 위해서는 능력뿐 아니라 보고 태도와 상향적 보고 스킬이 필수적이다.

상향 커뮤니케이션은 정보 보고를 넘어 태도·책임·관계의 메시지를 담는 전략적 행위다. 보고의 순간은 곧 자기인식과 상사와 직무에 대한 태도를 드러내는 행위이며, 이를 잘 활용하는 사람이 조직에서 고성과 인재로 성장할 가능성을 높인다. 다시 말하지만 보고는 '무엇을 말했는가'보다 '어떻게 말했는가'에 담긴 태도로 완성된다.

08.

말의 무게,
speech act

대화는 단순한 언어 교환이 아니라 개인의 정체성과 욕구를 담는 중요한 행위다. 우리는 대화를 통해 자신을 드러내고 생각을 공유하며, 관계 속에 자리매김한다. 그래서 갈등이나 긴장이 높은 상황에서 대화가 막히면 답답함을 느끼고, 자신의 존재감이나 욕구가 좌절되는 경험을 하게 된다. 이런 점에서 대화는 본질적으로 자기표현적이고 발화적인 성격을 갖는다. 이때 말은 정보를 전달하는 수준을 넘어 자기 존재를 확인하는 수단이다.

그럼에도 직속 상사, 고객, 회의와 같은 조직적 맥락에서 사람들이 말을 아끼곤 한다. 이유는 대화의 수행적 측면, 곧 발화에 수반되는 책임 때문이다. 친구들 간의 일상적 대화는 비교적 가볍고 유연하게 흐를 수 있지만, 조직에서 말이 곧 행동으로 이어지고 결과를 수반한다. 직장 내 커뮤니케이션이 수행성과 책임을 전제로 하는 까닭이 여기에 있다.

언어철학자 서얼(Searle, 1969)은 언어행위 이론(Speech Act Theory)에서 발화를 지시적(directives), 선언적(declarations), 약속적(commissives), 표현적(expressives), 진술적/서술적(assertives/representatives) 다섯 범주로 구분했다. 이 가운데 조직 커뮤니케이션에서는 특히 지시적, 선언적 발화가 두드러진다. 이 두 가지 요인이 말이 곧 의지이자 행동이라는 점을 가장 직접적으로 보여주기 때문이다.

여기서 말하는 수행적 대화(performative communication)는 말하는 행위 자체가 행동을 구성하는 경우다. 팀장의 의사결정, 지시, 역할 설정·변경, 회의 운영 등에서 빈번하다. 예컨대 "이번 주까지 제안 자료 1차 마감, 금요일 오전 점검 회의 준비해 주세요", "일정이 빠듯하지만 믿고 맡깁니다"와 같은 발화는 정보 전달을 넘어 팀원들의 행동을 촉발한다. 팀원들의 대화도 마찬가지다. "제가 ○○○ 부분을 책임지겠다.", "두 분 선배를 보조해 자료 정리와 제출 서류를 맡겠다."라는 말은 수행적 커뮤니케이션의 전형으로, 상호 간의 대화가 곧 역할 분담과 책임 수용으로 이어진다.

이와는 상대적으로 진술적/설명적(constative) 대화는 사실과 상태를 중심으로 기술하는 발화다. "금요일 제안서 제출 마감인데 진도가 많이 늦다."는 말은 상황 공유와 정보 전달에 해당한다.

문제는 이 두 유형이 엇갈릴 때 발생한다. 수행적 요구에 단순 진술로만 응답하거나, 충분한 설명 없이 곧바로 수행적 주장으로 압박하면 대화의 흐름은 쉽게 뒤틀린다. 특히 입장을 밝히지 않은 채 제3자처럼 나열하듯 설명하는 평론가적 태도는 자신감과 책임감 부족으로 보여 신뢰감 저하로 이어진다. 흔히 "말이 미우면 사람도 미워진다"는 말처럼, 대화 방식은 곧 사람에 대한 평가로 이어진다.

따라서 설명적 대화는 오해를 막기 위해 사실·근거·맥락을 명료하게 제시해야 하고, 수행적 대화에는 중요도와 우선순위, 방향성이 분명히 담겨야 한다. 무엇보다 '말이 곧 행동이 되는 순간'임을 인식하고 책임 있는 발화로 신뢰를 쌓는 것이 중요하다. 개인의 경험과 전문성이 발휘될 수 있는 상황에서는 주저하지 말고 대화 이슈를 적극적으로 주도함으로써 자신의 역할을 확장해야 한다. 이것이 곧 기여를 통한 성장의 과정이며, 조직이 구성원에게 기대하는 영향력 강화의 기회다.

결국 수행적 대화는 조직의 속도와 책임, 성과를 연결하는 전략적 행위이다. 설명적 대화의 균형 속에서 책임 있는 발화를 지속할 때, 대화는 조직 내 신뢰를 강화하고 개인의 영향력을 넓히는 전략적 장치가 된다.

09.

밀당 대화

직장에서 이루어지는 대화가 언제나 명료하고 공식적인 것만은 아니다. 역할 수행과 책임이 전제된 상황에서도 대화의 중간에는 종종 비공식적이고 암묵적인 '밀당'이 발생한다. 이때 핵심은 조건적 대화(Conditional Communication)다. 조건적 대화는 단순한 정보 교환이 아니라 책임·자원·보상·역할·기대 등 다양한 요소를 교환하는 '거래적 대화'다. 겉으로는 "프로젝트 보고 오늘 가능합니까?", "급한 일이 있는데 하루나 이틀 늦춰도 괜찮을까요?"는 가벼운 대화로 보이지만, 이면에는 서로의 부담·리스크·승인 여부를 탐색하는 미묘한 협상의 의도가 반영되어 있다.

조건적 대화의 구조는 대부분 조건문(if-then) 형태를 가진다. "만약 주 업무 우선순위를 조정해 주신다면, 제가 제안서 초안을 준비해 보겠습니다."처럼 조건적 대화의 발화는 곧 상호 교환의 약속이 되며 암묵적, 심리적 계약으로 이어진다.

조건적 대화는 특히 예외 상황이나 추가 업무가 발생할 때 유용하다. 이 과정에서 책임과 리스크 분담, 역할 재조정, 기대 조정이 이루어지며 조직의 안정성과 동기 부여에 기여한다. 동시에 적절한 긴장을 만들어 문제 해결의 유연성을 높인다. 웨익(1995)의 센스메이킹 이론에 따르면, 위기적 맥락에서는 모호함을 줄이고 새로운 질서를 구성하는 과정이 필요하다. 조건적 대화는 바로 이러한 의미 구성의 중요한 도구가 된다. 또한 일방적 지시보다 조건적 교환을 통해 팀 내 다양한 의견과 자원을 활용할 수 있어 합의와 수용도를 높이고 갈등을 예방한다.

다만 주의할 점도 있다. 대화가 지나치게 외재적 보상 중심으로 흐르면 거래적 관계에 갇혀 신뢰가 약화될 수 있다. 공식 보상을 언급할 때는 제도적 기준을 근거로 삼는 것이 바람직하다. 예컨대 "올해 역량·성과평가 지표에서 이 부분은 가중치를 두고 반영하겠다"라는 발언은 제도적 공정성을 전제로 하기에 긍정적이다. 반면 규범을 벗어난 보상 약속은 공정성과 리더십 신뢰를 무너뜨릴 수 있다.

현실적 예시를 보자. 상사가 "상무님께서 이 일에 대해 우리 부서에 큰 기대를 하고 있다. 김 과장님이 가장 잘 해내실 거라고 믿는다고 했다"라고 말하면, 기대와 역할이 긍정적으로 연결되어 구성원에게 동기부여와 책임감을 동시에 부여한다. 반대로 권위적 상사가 조건을 강압적으로 제시하면 부작용이 생길 수 있다. 연구에 따르면 권위적 상사 하에서는 구성원이 의견 제시를 회피하거나 침묵을 택하는 경향이 강해진다고 한다. 즉, 조건적 대화의 효과는 권위적 상사와의 관계에서는 제약적이거나 역효과가 나타날 수 있다는 점이다.

조건적 대화는 이해를 확장하고 간극을 줄이는 대화법이기도 하다. 팀장이라면 명료한 조건 제시, 실행 가능성 확보, 역할의 상호성 보장이 필요하다. 팀원이라면 협업과 역할 분담에 대해 능동적으로 조정하고, 업무의 중요도·우선순위·일정을 고려한 현실적인 대안을 제시해야 한다. 예컨대 "일정을 보니 다음 주까지 프로젝트 기획서 초안이 나와야 할 것 같습니다. 제가 이번주까지 해야 할 팀 주간 보고서와 고객분석 자료에 대해 역할 분담과 일정을 조율해 주시면 기획서를 준비해 보도록 하겠습니다."라는 제안은 상호 간의 협업과 역할 조정을 동시에 반영하여 수용성을 높일 수 있다.

신입사원에게 조건적 대화는 학습과 성장의 기회가 될 수 있다. "경험이 부족하지만 관련 내부 사례와 참고 자료를 알려 주시면 검토·정리해 팀장님께 보고드리고, 진행해 보겠습니다."라는 발언은 겸손함 속에서도 기여 의도를 드러낸다.

결국 밀당 대화는 조직 내 권력, 역할과 책임이 얽힌 복잡한 맥락에서 유연성을 확보하는 전략의 하나다. 이는 조건을 매개로 의사결정과 합의 과정의 유연성을 높이고, 협력과 동기를 강화하는 계기가 된다.

10.

듣기,
청중은 힘이 세다

오페라나 뮤지컬 같은 공연에서 청중은 단순한 수용자가 아니다. 창작자·연주자의 표현과 몰입, 퍼포먼스에 실질적으로 영향을 미치는 존재다. 누군가가 '듣고 있다'는 인식만으로도 말하는 사람의 언어 선택, 표현 방식, 태도, 메시지 강도가 달라지는 현상으로 이를 청중 효과(audience effect)라고 한다. 실제 청중의 개입 없어도 존재 인식만으로 평가 불안, 긴장, 자기의식이 증가된다고 한다.

관련 연구(Biasutti & Frezza, 2009)에 따르면, 높은 몰입도의 청중은 연주자의 감정 표현 강도를 40% 높이고 생리적 스트레스 지수를 20% 낮추는 효과가 있다고 한다. 또한 연주자의 73%가 "청중의 반응이 즉흥 연주를 촉발했다"고 응답했다. 예술과 음악에서 청중은 수동적 관람자를 넘어 감정적 동반자·무형의 지휘자·창의적 촉매제다. 이 현상은 스포츠에도 유사하게 나타난다. 관중 효과의 대표적인 예로 홈 어드밴티지(home advantage)는 홈경기 승률이 원정경기 승률보다 평균 60%의 우위를 보였다고 한다. 코로나 시기 관중이 없는 미국 프로농구(NBA) 경기에서 홈 어드밴티지 효과가 약화되거나 사라졌다고 한다. K리그에서도 홈 경기의 평균 득점이 원정 경기보다 0.8골 높게 나타났다는 점에서 그 효과가 일관적임을 보여준다. 관중의 응원과 존재가 선수와 팀의 안정감·자신감을 증진시키는 것이다.

청중 효과의 근거에는 사회적 촉진(social facilitation)과 호손 효과(Hawthorne effect)가 작용한다. 사회적 촉진효과는 타인의 시선이 개인의 수행을 촉진한다는 원리다. 이는 일상 커뮤니케이션에도 적용된다. 발표나 회의에서 청중의 적극적 경청(active listening)은 발표자에게 긍정적 영향을 준다. 연구에서 청중이 약 70%의 눈 맞춤을 유지할 때 발표자의 자신감이 상승하고, 끄덕임과 미소는 메시지에 대한 수용과 공감으로 읽힌다. 이러한 비언어적 반응은 감정적으로 발표자의 동조를 강화하고 '우리는 같은 편'이라는 관계적 메타메시지를 형성한다.

그렇다면 훌륭한 청중의 특징은 무엇일까? 집중 행동으로 침묵과 시선 고정은 연주자의 몰입을 돕고 기술적 정확도를 높인다. 미소, 끄덕임과 같은 비언어적 표현은 감정 이입을 촉진해 심리적 안정감을 준다. 박수·감탄사와 같은 적극적 피드백은 발표자의 자신감을 북돋워 더 과감하고 창의적인 표현을 유발한다. 청중과 연주자가 하나가 된 집단적 몰입은 모두에게 최상의 경험(peak experience)을 만든다.

이런 점에서 적극적 경청은 단순히 듣는 행위가 아니라 능동적이고 전략적인 행위다. 이때 침묵은 집중을, 반응은 창의성을, 피드백은 용기를 만든다. 잘 들어주는 것만으로도 화자에게 강력한 관계적 메시지를 보내고 있는 것이다.

청중 효과는 공연장에만 국한되지 않는다. 사무실, 회의실, 강의실, 일상 미팅 대화에서도 상대의 시선과 반응은 발화자의 태도와 수행에 영향을 미친다. 적극적 경청은 상호 공감과 신뢰를 더해, 이는 관계적 의미를 강화한다. 훌륭한 청중이 존재할 때 우리는 서로의 창의성과 성과를 함께 만들어가는 공동 창조자가 된다.

11.

윤리적 대화,
페이스워크(facework)

　출장 중 라디오에서 들은 한 사연이 대화의 윤리를 돌아보게 했다. 국내 중견기업에 부품을 납품하는 한 소기업 대표와 그의 아내 이야기다. 금요일 퇴근 무렵, 원청업체의 구매 담당 대리에게서 전화가 왔다. 얼마 전에 입고한 부품 불량률이 크게 늘어 품질 검수가 불가하니, 지금 당장 와서 대신 검수하고 불량품을 직접 회수하라는 요구였다. 남편을 돕던 아내가 함께 따라 나섰고, 밤늦게 원청업체 창고로 도착해 직접 불량품을 선별하고 창고 청소까지 마치고 담당 대리를 기다렸다. 한참 뒤 술기운이 도는, 막내 조카뻘 나이의 대리가 돌아와 힐끗 보고는 "이번 한 번만 넘어가 주겠다"라는 모욕적인 말을 남기고 떠났다. 돌아오는 길에 운전석 옆에 앉은 아내는 끝내 눈물을 감추지 못했다. 이 사건의 문제는 납품과 품질을 넘어 중요한 사람 앞에서 상대의 체면(face)을 훼손한 데 있다.

사회학자 고프먼(1967)은 인간의 사회적 행위를 '무대 위의 연극'에 비유했다. 사람은 누구나 타인의 시선을 의식하며, 자신이 사회적으로 인정받고자 하는 이미지, 곧 체면을 유지하려 한다. 그는 체면을 지키고 세워 주는 사회적 기술을 페이스워크(facework)라 불렀고, 우리의 대화와 행동에는 이를 위한 규칙과 예의가 스며 있다고 했다. 고프먼에 따르면 사회적 질서는 '상호 존중의 의례'로 유지된다. 상대가 실수하거나 약점을 보였을 때 그것을 곧바로 들추거나 공격하기보다, 체면을 회복할 여지를 남겨 두는 것이 대화의 윤리다. 위 사례에서 담당 대리의 "이번 한 번만 넘어가 주겠다"는 말은 전형적인 상대방에 대한 체면 위협 행위(face-threatening act)다. 거래의 권력관계를 과시하며 상대를 '약자'로 낙인찍고 자신을 '절대자' 위치에 세움으로써 상호 관계의 여지를 없애 버렸다.

실제 권력관계에서 체면 손상은 치명적 결과로 이어질 수 있다. 영화 『달콤한 인생』에서 부하(이병헌 분)는 보스(김영철 분)에게 총을 겨누며 "왜 저를 죽이려 했습니까?"라고 묻는다. 이에 대해 보스는 "네가 나에게 모욕감을 줬어."라는 의외의 대답을 한다. 오랜 시간 거친 주먹 세계에서 생사를 함께한 두 사람 관계의 파국에는 '모욕'이 핵심 원인이였던 것이다. 모욕은 이렇듯 상호 간에 치명적 보복의 위험을 초래할 수 있다.

대화 윤리의 본질은 진실을 말하되 상대의 얼굴을 지켜 주는 것이다. 원청업체가 불량을 지적하는 것은 정당하지만, 그 표현 방식이 위협과 모욕이 되면 신뢰는 심각하게 훼손된다. 조직이 대화 윤리를 소홀히 하면 이른바 '갑질' 논란으로 번지고, 기업 이미지와 신뢰 자산에 큰 손실을 초래한다. 일부 협상 연구는 거래 관계에서 상대의 체면을 존중하는 언어를 사용할 때 협상 수용률이 25% 이상 높아진다고 한다. 체면은 단순한 상대방 자존심만의 문제가 아니다. 인간관계와 조직 질서를 유지하는 최소한의 장치이자, 대화에서 지켜야 할 중요한 윤리적 기준이다.

　가까이서 많은 가르침을 주신 훌륭한 분들, 그리고 제가 오랫동안 그분들의 '청중(audience)'으로 살아온 덕분에 세상의 변화와 흐름 속에서도 길을 잃지 않을 수 있었다. 대학과 대학원에서의 공부뿐 아니라 교육 기관에서 일한 경험을 통해, 스승이라 부를 만한 많은 분들을 가까이에서 뵙고 배울 수 있는 행운을 누렸다.

　이 책은 이제 학교를 떠나 조직사회에 입문하는 우리 사회 청년들과 새로운 '청중 관계'를 맺고자 하는 나름의 시도이다. 조직이라는 낯선 무대 앞에서 불안과 기대를 동시에 느끼고 있을 청년들과 함께 생각을 나누고 싶은 마음이 이 책의 출발점이었다.

　첫 번째로 감사드리고 싶은 분들은 가까이에서 배움과 깨우침을 주신 스승들이다. 신성철 전 DGIST·KAIST 총장님, 박희준 연세대 교수님, 남호성 고려대 교수님, 박정호 명지대 교수님은 직장 덕분에 가까이서 배움의 행운을 주신 분들이다. 그리고 백기복 국민대 명예교수님과 김재우 前한국코치협회 회장님은 가까이서 제 삶에 질문과 성찰을 통해 새로운 연결과 방향을 보게 해주셨다. 또한 직접 경험하지 못한 HR의 세계를 넓게 바라볼 수 있게 해 주신 김숙경 이노HR컨설팅 대표님께도 감사드린다.

두 번째로 약 6개월의 글 쓰는 기간 동안 저에게 긴장감을 불어넣어 준 이정희 의장님, 석지효·이윤정 노무사님, 구필현 아시아투데이 국장님, 송지현 변호사님은 올해 초 '낯선 고객'으로 만난 분들이다. 이분들이 주신 긴장감 덕분에 글쓰기를 미루지 않을 수 있었고, 덕분에 글의 구성과 메시지에 힘을 실을 수 있었다.

세 번째로는 HR 분야에서 오랫동안 현장을 지켜온 분들이다. 기업의 HR을 깊이 이해하고 통찰력을 갖춘 분들의 존재는 이 책의 타당성과 균형을 점검하는 기준이 되었다. 태재대학교 이희정 팀장님, SK하이닉스 장하연 팀장님, 교보생명 이재명 파트장님, 콜마홀딩스 이홍석 팀장님, 퀀텀에듀케이션 김영천 대표님은 출간에 대한 두려움과 망설임 속에서 '한 번 해볼 만하겠다'라는 용기를 주신 분들이다.

네 번째 청중은 동료들이다. 힘들었던 자신의 인턴 경험을 멋진 책으로 엮어낸 김지은 선생과 몇 년 전 함께 고생했던 김다솔, 김의석 님과의 만남은 이 책의 구체적 동기가 되었다. 또한 2026년 리더십센터에서 함께한 6명의 인턴은 이 책에 청년들의 생생한 감각을 더해주었다.

다섯 번째로, 이 책을 세상에 나오게 도와준 씽크스마트 식구들에게 감사드린다. 서문과 목차만으로도 기획의 의미를 먼저 알아봐 주신 김태영 대표님, 글의 제목과 문장을 끝까지 함께 다듬어 주신 김무영 편집장님, 그리고 신재혁 편집자님을 비롯한 출판팀의 노력이 없었다면 이 원고는 여전히 제 노트북 속 파일로 남아 있었을 것이다.

리더십과 조직행동의 안목으로 세상을 바라보게 해 주신 국민대학교 백기복 교수님은 제 삶의 북극성과 같은 존재이시다. 오래 건강히 우리 곁에 머무르시기를 진심으로 기원한다.

그리고 가장 가까운 자리에서 가장 오래 함께해 준 가족이다. "당신이 말한 걸 그대로 글로 옮겨도 책이 될 것 같다"라는 아내의 격려와 응원이 용기가 되었다. 지금 대학과 군에 있는 두 아들, 준원과 정원이가 몇 년 후 조직의 입구에서 이 책을 통해 불안과 막막함을 조금이라도 덜어내기를 진심으로 바란다.

홍기선 교수님의 『인간 커뮤니케이션』 내용 중 **차례(turn-taking)**라는 짤막한 개념을 빌려와 본문의 「턴테이킹, 커뮤니케이션 빌런」이라는 에세이를 구성했다. 이렇듯 나의 작은 경험들이 글로 만들어질 수 있었던 것은 훌륭한 저자들이 소개한 개념과 이론 덕분이다. 비록 본문에 직접 인용으로 표시하지는 않았지만, 아래에 소개하는 책들은 나의 소소한 경험을 해석하는 프레임이자, 이를 재료 삼아 글로 쌓아 올릴 수 있도록 해 준 주춧돌이었다.

Buber, M. (2000). *나와 너*. (김천배, 역). 대한기독교서회 (Original work published 1936).

Holton, E. F., Naquin, S. S. (2013). *사회에 첫발을 내딛는 청춘들에게* (서수석, 역). 북포스. (Original work published 2001)

Sansot, P. (2023). *느리게 산다는 것*. (강주헌, 역). 드림셀러. (Original work published 2000)

Vivian Gornick. (2023). *상황과 이야기*. (이영아, 역). 마농지. (Original work published 2002)

방정배. (2014). *진리와 커뮤니케이션*. 커뮤니케이션북스.

백기복. (2021). *조직행동연구*. 창민사.

백기복. (2022). *리더십 리뷰*. (3판). 창민사.

오석홍, 손태원, 이창길, et al. (2024). *조직학의 주요 이론*. 법문사.

윤석철. (2005). *경영·경제·인생 강좌 45편: 윤석철 교수의 경영학 특강*. 위즈덤하우스.

윤석철. (2011). *삶의 정도*. 위즈덤하우스.

홍기선. (2002). *인간 커뮤니케이션*. 나남출판.

Mehrabian, A. (1971). Silent messages. Wadsworth.

Altman, I., & Taylor, D. A. (1973). *Social penetration: the development of interpersonal relationships*Holt, Rinehart & Winston.

Anderson, C., & Berdahl, J. L. (2002). The experience of power: Examining the effects of power on approach and inhibition tendencies. Journal of Personality and Social Psychology, 83(6), 1362-1377

Argyris, C., & Schon, D. A. (1978). *Organizational learning*: a theory of action perspective. Addison-Wesley.

Asch, S. E. (1946). Forming impressions of personality. *The Journal of Abnormal and Social Psychology*, 41(3), 258-290.

Ashforth, B. E., & Mael, F. (1989). Social identity theory and the organization. *Academy of Management Review*, 14(1), 20-39.

Bandura, A. (1977). *Social learning theory*. Prentice Hall.

Barnard, C. I. (1938). *The functions of the executive*. Harvard University Press.

Bateson, G. (2000). *Steps to an ecology of mind*. University of Chicago Press.

Berger, C. R. (1997). *Planning strategic interaction*. L. Erlbaum Associates.

Biasutti, M., & Frezza, L. (2009). Dimensions of music improvisation. Creativity Research Journal, 21(2-3), 232-242.

Blake, R. R., & Mouton, J. S. (1964). *The managerial grid: key orientations for achieving production through people*. Gulf Publishing.

Bourdieu, P. (1986). The forms of capital. In J. G. Richardson (Ed.), *Handbook of theory and research for the sociology of education* (pp. 241-258). Greenwood Press.

Burns, J. M. (1978). *Leadership*. Harper & Row.

Canale, M., & Swain, M. (1980). Theoretical bases of communicative approaches to second language teaching and testing. *Applied Linguistics*, I(1), 1-47.

Carr, E. H. (1961). *What is history?* Martin's Press.

Chaleff, I. (2009). *The courageous follower: standing up to & for our leaders*.

Coleman, J. S. (1988). Social capital in the creation of human capital. *American Journal of Sociology, 94*, S95-S120.

Cooley, C. H. (1902). *Human nature and the social order*. C. Scribner's Sons.

Cressey, D. R. (1971). *Other people's money; a study in the social psychology of embezzlement*. Wadsworth Pub. Co.

De Stobbeleir, K. E. M., Ashford, S. J., & Buyens, D. (2011). Self-regulation of creativity at work: the role of feedback-seeking behavior in creative performance. *Academy of Management Journal, 54*(4), 811-831.

Deal, J. J., Altman, D. G., & Rogelberg, S. G. (2010). Millennials at work: what we know and what we need to do (If anything). *Journal of Business and Psychology, 25*(2), 191-199.

Edmondson, A. (1999). Psychological safety and learning behavior in work teams. *Administrative Science Quarterly, 44*(2), 350-383.

Edmondson, A. C. (2008). *Managing the risk of learning: psychological safety in work teams*. Wiley.

Emerson, R. M. (1962). Power-dependence relations. *American Sociological Review, 27*(1), 31-41.

Felps, W., Mitchell, T. R., & Byington, E. (2006). How, when, and why bad apples spoil the barrel: negative group members and dysfunctional groups. *Research in Organizational Behavior, 27*, 175-222.

Gallup. (2015). *State of the American manager: analytics and advice for leaders*. Gallup Press.

Gerstner, C. R., & Day, D. V. (1997). Meta-analytic review of leader-member exchange theory: correlates and construct issues. *Journal of Applied Psychology, 82*(6), 827-844.

Gioia, D. A., & Chittipeddi, K. (1991). Sensemaking and sensegiving in strategic change initiation. Strategic *Management Journal, 12*(6), 433-448.

Goffman, E. (1967). *Interaction ritual : essays on face-to-face behaviour*. Doubleday.

Granovetter, M. (1985). Economic action and social structure: the problem of embeddedness. *American Journal of Sociology, 91*(3), 481-510.

Hackman, J. R. (2002). *Leading teams : setting the stage for great performances*. Harvard Business School.

Haslam, S. A., Reicher, S., & Platow, M. (2011). *The new psychology of leadership : identity, influence, and power*. Psychology Press.

Hinde, R. A. (1972). *Non-verbal communication*. Cambridge University Press.

Hoegl, M., & Gemuenden, H. G. (2001). Teamwork quality and the success of innovative projects: a theoretical concept and empirical evidence. *Organization Science, 12*(4), 435-449.

Hofstede, G. H. (1980). *Culture's consequences : international differences in work-related values.* Sage.

Janis, I. L. (1972). *Victims of groupthink : a psychological study of foreign-policy decisions and fiascoes.* Houghton, Mifflin.

Jutting, J., Drechsler, D., Bartsch, S., et al. (2007). *Informal institutions : how social norms help or hinder development.* OECD.

Kahn, W. A. (1990). Psychological conditions of personal engagement and disengagement at work. *The Academy of Management Journal, 33*(4), 692-724.

Kelley, R. E. (1992). *The power of followership : how to create leaders people want to follow, and followers who lead themselves 1st ed.* Doubleday.

Kerr, S., & Jermier, J. M. (1978). Substitutes for leadership: Their meaning and measurement. *Organizational Behavior and Human Performance, 22*(3), 375-403.

Kim, E., & Glomb, T. M. (2014). Victimization of high performers: The roles of envy and work group identification. *Journal of Applied Psychology, 99*(4), 619-634.

Krackhardt, D., & Hanson, J. R. (1993). Informal networks: The company behind the chart. Harvard Business Review, 71(4), 104-111.

Louis, M. R. (1980). Surprise and sense making: what newcomers experience in entering unfamiliar organizational settings. *Administrative Science Quarterly, 25*(2), 226-251.

McCroskey, J. C. (1997). *An introduction to rhetorical communication*(7th ed.). Allyn and Bacon.

Mead, G. H., & Morris, C. W. (1934). *Mind, self and society from the standpoint of a social behaviorst.* The University of Chicago Press.

Mintzberg, H. (1973). *The nature of managerial work.* Harper Collins.

Morrison, E. W., & Milliken, F. J. (2000). Organizational silence: a barrier to change and development in a pluralistic world. *The Academy of Management Review, 25*(4), 706-725.

OECD. (2025). *Survey of adult skills 2023 technical report.* OECD.

Parker, S. K., Williams, H. M., & Turner, N. (2006). Modeling the antecedents of proactive behavior at work. *The Journal of applied psychology, 91*(3), 636-652.

Putnam, L. L., & Nicotera, A. M. (2009). *Building theories of organization: The constitutive role of communication.* Routledge.

Sacks, H., Schegloff, E. A., & Jefferson, G. (1974). A simplest systematics for the organization of turn-taking for conversation. *Language, 50*(4), 696-735.

Salas, E., Sims, D. E., & Burke, C. S. (2005). Is there a "Big Five" in teamwork? *Small group research, 36*(5), 555-599.

Sartre, J.-P., & Barnes, H. E. (1956). *Being and nothingness : an essay on phenomenological ontology.* Philosophical Library..

Schein, E. H. (1992). *Organizational culture and leadership* (2nd ed.). Jossey-Bass.

Searle, J. R. (1969). *Speech acts : an essay in the philosophy of language.* Cambridge University Press.

Searle, J. R. (1976). A classification of illocutionary acts. *Language in Society, 5*(1), 1-23.

Tuckman, B. W. (1965). Developmental sequence in small groups. *Psycho-logical Bulletin, 63*(6), 384-399.

Vroom, V. H. (1964). *Work and motivation.* John Wiley.

Watzlawick, P., Bavelas, J. B., & Jackson, D. D. (1967). *Pragmatics of human communication : a study of interactional patterns, pathologies, and paradoxes.* Norton.

Weick, K. E. (1984). Small wins: redefining the scale of social problems. *American Psychologist, 39*(1), 40-49.

Weick, K. E. (1995). *Sensemaking in organizations.* Sage Publications.

Zenger, J., & Folkman, J. (2002). *The Extraordinary leader: turning good managers into great leaders.* McGraw-Hill.

Zwebner, Y., Sellier, A.-L., Rosenfeld, N., et al. (2017). We look like our names: The manifestation of name stereotypes in facial appearance. *Journal of Personality and Social Psychology, 112*(4), 527-554.